La Grande Entreprise

Les impliqués
Éditeur

Fondée en 2014, notre maison d'édition se consacre à la publication d'ouvrages relevant de divers domaines : littérature, récits personnels, premiers romans et nouvelles, essais en sciences humaines, religion, économie, etc.

Les impliqués ont pour vocation de publier, après sélection, les manuscrits qui leur sont confiés. Ils proposent ainsi aux auteurs de faire de leur projet d'écriture une réalité et d'éditer, après une réelle collaboration avec eux, leur ouvrage issu de leurs souvenirs, de leur imagination, de leurs rêves, de leur recherche ou encore de leur travail.

Anne Terramorsi

La Grande Entreprise

roman

Les impliqués
Éditeur

Les impliqués
Éditeur

5-7, rue de l'École-Polytechnique – 75005 Paris
www.lesimpliques.fr
contact@lesimpliques.fr
ISBN : 979-10-428-0350-6
EAN : 9791042803506
Pour l'envoi de vos manuscrits : voir à la fin de cet ouvrage

A Emilie, Clément et mes parents

A Sylvie, Sylvain, Marc, Nadir, Loubna et toute la bande.

Un open space ou plateau ouvert, est un espace de travail où les bureaux ne sont pas séparés par des cloisons. En conséquence, les personnes se voient, s'entendent et travaillent ensemble.

Les paroles de « Night Fever » des Bee Gees retentissaient et la fête battait son plein. Des centaines de jeunes entassés dans une salle de 50 m² collés les uns aux autres se trémoussaient au rythme de la musique. Les spots lumineux éclairaient à tour de rôle les visages perlés de sueur, les yeux hagards et les sourires béats.

Cela faisait plusieurs minutes qu'il la regardait, sans pour autant prendre l'initiative de venir l'aborder. Elle, elle l'avait bien remarqué mais elle était trop fière pour y prêter attention et elle continuait à danser comme si elle était seule dans sa chambre.

Plus rien n'avait d'importance.

Elle se déhanchait en rythme, faisait virevolter ses cheveux bruns mi-longs de droite à gauche et de gauche à droite. Ses yeux verts pétillaient tandis qu'elle souriait sans trop savoir pourquoi. Elle était juste heureuse d'être là. Peut-être que les quatre verres de mojitos qu'elle avait pris avant de rentrer dans la boîte de nuit l'avaient aidée à atteindre cet état de plénitude. Sans doute.

N'y tenant plus, il s'était approché et avait commencé à danser face à elle. Elle pouvait à présent distinguer clairement son visage : ses yeux bleus que faisait ressortir son teint bronzé, ses cheveux blondis par le soleil, ses sourcils broussailleux, son nez aquilin parsemé de quelques taches de rousseur. Il était plus grand qu'elle, plus musclé. Ce n'était pas particulièrement son type, mais ce soir-là, il lui plaisait. Elle avait envie de se blottir dans ses bras, de sentir son corps protecteur contre elle.

Ils se regardèrent mutuellement. Elle lui sourit et fit un pas de plus vers lui en soutenant son regard. Alors, tout doucement, il approcha son visage du sien et posa sa bouche délicatement sur la sienne. Ses lèvres étaient sucrées, presque collantes, leurs langues se touchèrent puis s'entrelacèrent. Elle passa ses mains autour de son cou et lui, posa les siennes dans le creux de son dos. Ils continuèrent à s'embrasser encore quelques instants, puis elle le repoussa légèrement. Sans rien dire, elle fit volte-face et retourna danser. Surpris, il la vit disparaître dans cette masse mouvante sans se retourner. Ce soir, elle voulait juste profiter de cette soirée. Papillonner. Ne pas s'attacher. Rester libre. S'amuser.

Août

J'avais terminé mes études en juin, après un bac scientifique suivi de deux années de classes préparatoires et de trois ans de fac d'écogestion. Ce parcours scolaire et universitaire avait été largement orienté par mes parents, tous deux professeurs de français et fervents défenseurs du système éducatif public.

Quelques semaines avant la fin du semestre, sous la pression de mes professeurs mais aussi des autres étudiants pour qui l'unique sujet de conversation était devenu la recherche d'un premier emploi, je m'étais mise moi aussi à m'y intéresser. Je n'avais cependant aucune idée du métier que je souhaitais exercer. Il faut dire que je me complaisais dans cette vie étudiante, rythmée par les cours plus ou moins intéressants, les soirées à thème du jeudi soir, les dîners pâtes ou pizza chez les uns ou chez les autres à refaire le monde jusqu'au petit matin, confrontant nos idées et imaginant le fonctionnement d'une société plus égalitaire, les nuits blanches la veille des partiels à emmagasiner le maximum de connaissances… Cette vie-là me plaisait : je me sentais libre et j'avais suffisamment de repères pour ne pas avoir à réfléchir au lendemain. Quand on m'interrogeait sur mon avenir, j'éludais la question avec tact : « on verra quand je serai diplômée ». Oui mais voilà, le diplôme était à présent entre mes mains et je n'avais toujours pas la moindre idée du métier auquel je souhaiterais consacrer le reste de ma vie, 7 h par jour, 235 jours par an.

Au début, je postulais uniquement aux annonces que je trouvais originales (entendez par là – le poste n'impliquait pas de rester toute la journée derrière un bureau devant un ordinateur) : responsable de clientèle dans un club de vacances au Costa Rica, une mission pour une association humanitaire en Inde, chargée d'accueil dans un refuge de la

SPA… Et pourquoi pas ? Fuir la normalité, sortir du sentier qui semblait avoir été tracé pour moi dès ma naissance était ce que je recherchais avant tout. Je voulais combattre à tout prix ce déterminisme social qui voulait m'enfermer dans ce carcan auquel je n'aspirais pas.

Je fus cependant ramenée promptement sur le droit chemin par mes parents qui, très rapidement, menacèrent de me couper les vivres si je ne trouvais pas un emploi stable et convenable, entendez un poste dans une entreprise de renom. Et il est vrai que je ne voulais pas continuer à vivre à leurs crochets.

Alors j'avais commencé à m'intéresser aux fiches de poste diffusées par les entreprises du CAC 40 et avais postulé au hasard. Je joignais à mon CV une lettre de motivation rédigée à la va-vite, adaptée grossièrement d'un modèle trouvé sur internet. Il faut dire que ces candidatures étaient destinées avant tout à calmer les nerfs de mes parents, qui semblaient être devenus complètement obsédés par ma recherche d'emploi. Cette quête était devenue leur sujet de conversation préféré, comme s'ils ne savaient plus très bien si c'était eux ou moi qui recherchaient un travail. Tous les matins, ils consacraient plusieurs minutes à passer en revue les nouvelles annonces avant de m'envoyer chacun une petite sélection auxquelles je postulais à la chaîne, sans même véritablement lire les descriptifs. Ma mère adorait donner des nouvelles des avancées de ma recherche à sa famille, même éloignée et aux voisins. « C'est très dur quand on démarre … Non, elle n'a reçu aucune réponse, même pas un mail de refus … Oui, elle a essayé les laboratoires pharmaceutiques et la grande distribution … Et pourtant, on dit que c'est là qu'ils embauchent le plus … Elle commence à regarder autre chose … Mais commencer sa carrière comme ça… En même temps, il ne faut pas trop qu'elle tarde, il n'y a rien de pire qu'un trou dans le CV. »

Chacun aimait ajouter son petit commentaire ou donner son avis sur le sujet.

Et puis un jour, cette recherche hasardeuse finit par payer. Alors que j'étais allongée sur mon lit en train de réfléchir au programme de mes vacances, mon téléphone sonna. Je décrochai machinalement. Au bout du fil, une toute petite voix fluette. C'était un dénommé Jean-Pierre qui souhaitait me recevoir le lendemain à 8 h pétantes pour un entretien. Jean-Pierre était directeur de service, au sein d'une grande banque, La Banque Rignault, où j'avais même oublié avoir postulé. Et c'est ainsi que dès l'aube, je m'étais retrouvée à déambuler entre les tours de La Défense. J'avais été saisie immédiatement par le spectacle qui s'offrait à moi : des centaines d'hommes et de femmes qui, tels des robots préprogrammés par une force invisible, avançaient d'un pas rapide, tête baissée, le visage pâle, les traits tirés par une nuit trop courte, l'esprit préoccupé par les dossiers urgents à traiter. Ils sortaient des bouches de métros ou de trains de banlieue pour s'engouffrer dans un des nombreux gratte-ciel de la Défense.

Parfois, certains se percutaient ou rouspétaient parce que d'autres n'avançaient pas assez vite ou ne se rangeaient pas sur la droite en prenant l'escalator. Certains arboraient fièrement un magnifique costume-cravate mais la majorité d'entre eux, en jean basket, étaient adeptes du style « casual chic », selon l'expression consacrée. Car oui, La Défense possédait son propre langage, que je maîtriserai quelques mois plus tard sur le bout des doigts. Mélange de français, d'anglais et d'abréviations en tous genres, ici, on ne disait plus « bonjour » mais « hello » (prononcé « élo »), on enchaînait les *confcalls* et les meetings, on brainstormait lors de sessions de *digital thinking*, avant de terminer sa journée en AW (*afterwork*) autour d'un drink. Malheur à celui qui n'adopterait pas le « La Défense way of life », il se verrait immédiatement jugé par un haussement de sourcils ou un soupir évocateur. Toutes ces personnes qui arpentaient le parvis avaient en commun cet air sinistre et dépressif qui se répandait comme une traînée de poudre. Personne ne souriait et ne semblait heureux d'être là. Moi-même, je semblais soudainement atteinte par la morosité ambiante. Et c'était presque blasée que je me présentais à l'accueil de la tour Asphalte, l'une des plus hautes du quartier. Même en levant les yeux et en penchant la tête loin en arrière quitte à frôler le torticolis, je ne pouvais pas en voir le sommet. J'avais ensuite été conduite par une hôtesse impeccablement maquillée et manucurée au 17ème étage qui était réservé aux entretiens de recrutement où m'attendaient Jean-Pierre et son collègue Pierre.

Après avoir échangé quelques politesses d'usage, Pierre me demanda sans détour : « Alors, Mademoiselle, connaissez-vous la BR? »

L'ABR … l'AB-air … l'Abbé Air ? Je commençais à céder à la panique. Que cela pouvait-il bien signifier ? On aurait dit un acronyme, peut-être celui d'un logiciel sur lequel je devrais travailler ? Je réfléchissais à vitesse grand V, avant de finalement confesser à demi-mot que ce terme ne me disait rien : je ne connaissais pas l'ABR. J'avais pourtant bien pris soin la veille de préparer cet entretien en consultant notamment le site internet et la page Wikipedia de la banque. Mais de mémoire, il n'était pas fait mention d'ABR…

« La BR a été fondée en 1908 par Jean Rignault et son frère Antoine … » débuta Pierre.

Au fil de la discussion, je compris que l'ABR était en fait la B R, c'est-à-dire la Banque Rignault ! Quelle humiliation ! Je n'étais pas loin de décrocher la palme d'or de la candidate la plus demeurée, avouant sans sourciller ne pas connaître l'entreprise où elle était en train de passer un entretien.

Devant mon manque de compréhension flagrant, mes deux interlocuteurs entreprirent de me présenter l'organisation. Je fus alors témoin d'un imbroglio digne d'une pièce de Feydeau. Pierre et Jean-Pierre s'emmêlaient les pinceaux entre les différents acronymes, se contredisaient, pestaient et en oubliaient presque ma présence.

« Vous voyez, je fais partie de l'entité IDC/GBF/EDG et Pierre du service IDC/GBF/EDC, et nous appartenons tous les deux à GSS, commença par me dire Jean-Pierre.

– Mais non, ça, c'était avant ! Il y a eu un changement cet été, maintenant nous sommes rattachés à IDC mais nous dépendons fonctionnellement de GSS, Jean-Pierre est chez IDC/GSS/GBC et moi je suis chez IDC/GSS/BDC », surenchérit Pierre qui me dessina alors l'organigramme de la fameuse équipe IDC au tableau blanc accroché dans la salle.

S'ensuivit alors un débat entre les deux collègues, chacun voulant défendre sa vision. J'assistais à cette joute oratoire, assise devant eux, en essayant de reproduire sur mon cahier les schémas qui étaient au tableau. Soudain, Jean-Pierre parut reprendre contact avec la réalité et en regardant sa montre, il se rendit compte qu'une demi-heure s'était écoulée.

« Bon, on va arrêter là avec cette présentation, dit-il légèrement excédé, merci beaucoup de vous être déplacée, Mademoiselle, nous vous tiendrons au courant. »

Tous deux me raccompagnèrent ensuite vers la sortie. En quittant la tour, j'étais encore hébétée par la scène qui venait de se dérouler sous mes yeux. Même si mon expérience des entretiens d'embauche était limitée, il me semblait que celui que je venais de passer s'était plutôt très mal déroulé : outre les formules de politesse d'usage, les seuls mots que j'avais pu prononcer étaient pour signaler que je ne connaissais pas La Banque Rignault…

Je rentrai chez mes parents encore chamboulée par cette expérience et m'enfermai dans ma chambre pour ne pas avoir à faire face aux flots de questions qui m'attendaient. Pour me changer les idées, ma mère me proposa de déjeuner à l'extérieur, au restaurant libanais en bas de chez nous que j'adorais. J'acceptai à l'unique condition que l'on n'aborde aucun sujet lié à ma recherche d'emploi.

Alors que j'étais en pleine dégustation d'un délicieux baklava, mon téléphone sonna et je reconnus le numéro de Jean-Pierre.

« Décroche !! » hurla ma mère, en faisant sursauter le serveur qui manqua de renverser le bol de taboulé sur les genoux du monsieur qui était assis à la table voisine.

« Bonjour, dis-je d'une voix timide

– Bonjour Romy, c'est Jean-Pierre de la Banque Rignault. Je ne vous dérange pas ?

– Euh pas du tout, je vous écoute, bredouillais-je.

– Voilà, on en a beaucoup discuté avec Pierre et on souhaiterait vous proposer de nous rejoindre à partir de septembre, en CDI. »

Je restai plusieurs secondes la bouche ouverte, incapable d'émettre le moindre son. Je regardai ma mère, les yeux presque exorbités avant de balbutier :

« Ah euh merci !

– Nous sommes très heureux… Alors… Niveau organisation, vous me serez hiérarchiquement rattachée, ce qui ne vous empêchera pas de travailler également avec Pierre sur certains projets. Et vous serez donc basée à Colombes, comme moi-même et le reste de mon équipe.

– Euh d'accord très bien, répondis-je, alors que ma mère qui avait compris la teneur de notre conversation ne pouvait s'empêcher d'exulter en face de moi. Vous êtes bien disponible pour démarrer le 1er septembre ?

– Euh… oui, tout à fait.

– C'est parfait, dans ce cas on se retrouve début septembre !

– Bien noté ! Merci beaucoup.

– Ah et j'oubliais, est-ce que vous mangerez à la cantine ou est-ce que vous préféreriez avoir des tickets restaurant ? Je suis désolé de vous poser cette question maintenant mais j'aurais besoin d'une réponse tout de suite … C'est une exigence de l'équipe ressources humaines.

– Euh … je préférerais manger à la cantine, répondis-je, surprise par cette demande et supposant que partager mes repas avec mes collègues à la cafétéria me permettrait de m'intégrer plus facilement. »

Sur ce, je raccrochai sans savoir dans quoi je venais de m'engager. Cet appel rapide de Jean-Pierre, quelques heures seulement après la fin de l'entretien signifiait donc que la prestation des autres candidats était pire que la mienne ou que personne d'autre n'avait postulé… Ce qui était mauvais signe dans les deux cas …

Au fur et à mesure que le mois de septembre approchait, mon estomac se nouait un peu plus chaque jour. J'appréhendais d'arriver dans un nouvel environnement, de ne pas connaître les codes, de ne pas parvenir à rentrer dans le moule. Mais en même temps, j'avais hâte. Au fil des jours, je m'étais faite à l'idée de rejoindre la banque Rignault. J'en devenais même presque fière, quand j'entendais ma mère répéter à qui voulait l'entendre, du boucher au boulanger en passant par le voisin de palier ou le facteur que sa fille allait « travailler à la banque ». Cette satisfaction était exacerbée par les félicitations de mes amis ou de ma famille quand je leur annonçais la bonne nouvelle. Je lisais dans leur sourire et dans leur regard un sentiment d'admiration mêlé à la surprise qui boostait mon ego. Quelle ne fut pas ma stupeur quand mon cousin Daniel m'apprit que la banque était réputée pour son processus de recrutement extrêmement sélectif et que lui-même en avait fait les frais quelques années auparavant ! Je n'osais pas lui avouer les circonstances de l'entretien que j'avais passé et restais très évasive en répondant à ses questions.

Septembre

Le lundi 5 septembre 2016, je pris donc les transports en commun, traversai une partie de Paris et des Hauts de Seine pour arriver au sud de Colombes où les pavillons de banlieue avaient fait place depuis plusieurs années à une flopée d'immeubles de bureaux.

Si l'immobilier tertiaire était développé, cela ne signifiait pas pour autant que les bâtiments étaient occupés. Nombre de ces immeubles étaient en effet vacants, en témoignaient les affiches géantes que les promoteurs collaient sur les vitres neuves et sur lesquelles on pouvait lire « Bureau à louer, installez votre entreprise aux portes de La Défense ». Ces slogans accrocheurs ne semblaient que très peu efficaces, la ville assistait bien plus souvent à des déménagements qu'à des installations d'entreprises. Au milieu de ce quartier fantôme, le long de la voie ferrée se trouvait un petit immeuble de six étages qui regroupait une partie des services informatiques de la banque et c'est cet endroit-là qui allait devenir ma deuxième maison. Je serai bientôt familière du sol en faux marbre noir du hall d'accueil, de la standardiste fatiguée de devoir encore se lever pour ouvrir la porte d'entrée à la personne qui avait oublié son précieux badge, de l'odeur de cantine scolaire qui se diffusait au premier étage qui surplombait le self, de la moquette grise tachée présente à tous les niveaux, du 6ème étage, réservé aux chefs qui souhaitaient s'accaparer le magnifique panorama sur les gratte-ciel de La Défense laissant à leurs employés la vue sur les trottoirs gris, trop peu souvent lavés. En approchant du bâtiment, je remarquai une silhouette qui faisait de longues allées et venues sous le porche, le visage tourné vers le sol, les bras croisés dans le dos. Plus j'avançais, plus je devais me rendre à l'évidence : c'était bien Jean-Pierre qui faisait les cent pas, même si je n'étais absolument pas en retard par rapport à l'horaire indiqué. Après une poignée de main de circonstance, nous prîmes l'ascenseur jusqu'au premier étage de l'immeuble.

C'était un gigantesque open space, organisé de manière géométrique ; les principes d'alignement et de symétrie semblaient être les mots d'ordre de cette disposition, sûrement librement inspirée de l'univers militaire. Imaginez un immense rectangle dont chaque longueur était bordée par des baies vitrées. L'espace était partagé en deux parties égales par une série d'armoires en enfilade. Chaque demi-rectangle était ensuite organisé en « îlot », c'est-à-dire en deux rangées de quatre « unités de travail » collées les unes aux autres. On appelait « unité de travail » l'ensemble composé d'un bureau d'un mètre de long sur 60 cm de large, d'un ordinateur, d'un double écran, d'un fauteuil et d'une corbeille à papier. Il y avait très exactement 22 îlots dans cet open space, c'est-à-dire 176 « unités de travail ». Comme mes collègues avant moi, je m'étais vu attribuer une « unité » en ce premier septembre, l'unité 98 pour être précise. Elle était située au centre de l'open space, en bout de ligne, à proximité des armoires.

Après avoir posé mon sac à main et mon manteau sur mon fauteuil, Jean-Pierre entreprit de me présenter à son équipe, qui occupait la moitié de l'open space. Il réunit tout le monde autour de son bureau :

« Bonjour à tous, je vous présente Romy, qui nous rejoint pour faire du contrôle de gestion avec moi. Romy me sera rattachée hiérarchiquement, dit Jean Pierre avant de me jeter un regard, signe qu'il me donnait la parole.

– Bonjour, je suis très heureuse de rejoindre la Banque Rignault et j'ai hâte de faire votre connaissance, dis-je d'une voix que j'aurais espéré plus assurée.

– Bonjour Romy ! » répondit presque en chœur l'équipe de Jean-Pierre. Pendant une fraction de seconde, je me serais crue à une première réunion des alcooliques anonymes, où Jean-Pierre m'aurait laissé le champ libre pour partager au groupe mes déboires avec l'alcool.

Après cette introduction laconique, chacun retourna à son bureau et Jean-Pierre me pria de le suivre jusqu'à une salle de réunion située à proximité de l'ascenseur. Pierre nous y attendait déjà. Les deux hommes commencèrent à me présenter ma nouvelle mission. Comme nous n'avions pas eu l'occasion d'en discuter lors de l'entretien, les précisions qu'ils m'apportèrent me permirent de mieux comprendre ce qu'on attendait de moi. Je serais chargée de construire des tableaux de bord en combinant différentes données (des données liées aux ressources humaines ou aux services généraux) qui permettraient à Jean-Pierre et Pierre de mieux piloter leurs services respectifs. Chaque semaine, je recevrais dans ma boîte mail des fichiers Excel qu'il me faudrait ensuite analyser pour créer ces tableaux de bord. Mais avant tout, Pierre me dit qu'il était nécessaire que je développe une parfaite connaissance de l'entreprise et des différents métiers. Je passai donc le reste de la journée à écumer différents documents sur l'intranet.

Les jours suivants, je m'attelais à cette même occupation, n'ayant pas reçu les fameux fichiers.

Je n'avais que peu de contact avec mes collègues : j'étais comme la nouvelle brebis, parachutée dans une bergerie déjà bien établie. Mes congénères me dévisageaient d'un regard intrigué mêlé de crainte. Qui était donc cette nouvelle recrue ? Très impressionnée par ce troupeau farouche, je préférais faire bande à part. Mes seules interactions étaient pour l'instant avec notre berger Jean-Pierre. Je me rendis d'ailleurs compte rapidement que la question qu'il m'avait posée par téléphone peu après mon entretien, quant au choix des tickets restaurant ou de l'accès au self prenait tout son sens. Au service informatique de la Banque Rignault, l'heure du déjeuner était sacrée. Dès que l'horloge de leur ordinateur indiquait midi pile, mes collègues se levaient un à un, prenaient leurs affaires et quittaient le bâtiment individuellement. Ils revenaient ensuite au compte-gouttes entre 14 h et 14 h 15, après donc deux longues heures d'absence.

Pour ma part, Jean-Pierre m'avait tout de suite prise sous son aile. Le premier jour, il était venu me chercher à mon bureau, situé deux rangées derrière le sien et m'avait indiqué d'un air solennel, presque mystique, qu'il était l'heure d'aller manger. Sans dire un mot de plus, il avait commencé à se diriger d'un pas rapide vers le self et je l'avais suivi tant bien que mal, telle une disciple fidèle. Une fois arrivé, il avait pris machinalement un plateau et y avait déposé un morceau de pain, un carré de beurre et le plat du jour, sans entrée ni dessert, avant de s'installer à une table pour six personnes tout au fond du bâtiment. Je m'étais assise en face de lui et cinq minutes précises après notre arrivée, nous avions été rejoints par quatre hommes, avec qui Jean-Pierre déjeunait tous les midis, et ce depuis plus de 20 ans. Et chaque jour le même rituel se répétait : la même phrase prononcée pour m'indiquer qu'il était l'heure, les mêmes gestes, le plateau, le pain, le beurre, la même table et les cinq minutes d'avance sur ses collègues. La cantine était un grand espace en verre ; la chaleur en été était étouffante et elle était bien souvent désertée. En hiver, le bâtiment était impossible à chauffer et nous déjeunions souvent avec nos manteaux sur le dos. A l'intérieur, pour cacher la vue sur la voie ferrée, on avait disposé de hautes plantes tropicales qui servaient plutôt de cache-misère, nous continuions en effet à voir passer les trains qui faisaient également trembler nos assiettes et nos verres. La cuisine proposée était d'inspiration française traditionnelle et les mêmes plats (bœuf bourguignon, sole meunière, petit salé aux lentilles ...) étaient au menu chaque semaine. De temps à autre, des déjeuners thématiques venaient rompre la routine. Ils ne recevaient cependant pas toujours l'accueil escompté : les traditions avaient la vie dure.

Dans cette cantine, jamais je n'avais croisé un collègue qui travaillait dans le même open space que moi. Et pourtant tous les midis, je balayais du regard les rangées de tables dans l'espoir de reconnaître un visage familier. Dès que l'occasion se présentait, je me levais pour aller remplir le broc d'eau à la fontaine située près de l'entrée du self. Cela me donnait une excuse pour arpenter la salle dans l'espoir de les trouver et de pouvoir échapper au groupe des quinquas. Mais non, ils n'étaient pas là… Le mystère s'épaississait. Quand sonnait midi, ils disparaissaient : où pouvaient-ils aller ? Il n'y avait aux alentours, à ma connaissance, ni commerce ni restaurant, mis à part un McDo dans la station-service voisine et un restaurant Courtepaille à la sortie de la bretelle d'autoroute. Je ne voyais cependant pas mes collègues aller s'empiffrer de big macs et de frites molles réchauffées. Le mystère perdura encore pendant quelque temps.

Au fil des jours, je participais de moins en moins aux conversations avec Jean-Pierre et ses collègues. Ils s'étaient, au départ, intéressés aux études que j'avais suivies, aux pays que j'avais visités et à la mission pour laquelle j'avais été recrutée. Puis, petit à petit, ils avaient repris leurs discussions habituelles, parlant de leur quotidien, de la réorganisation du système d'information, de l'achat d'un nouveau logiciel informatique. Ces échanges étaient ponctués de blagues ou de commentaires désobligeants sur leurs collègues, dont certains faisaient office de véritables boucs émissaires : « Jean stresse tellement facilement pour rien, c'est incroyable ! Lors de la réunion, j'ai voulu m'amuser un peu hahaha alors d'un coup, je lui ai demandé son avis ... Jean, que pensez-vous de l'approche proposée ? ... Et là, le gars est devenu tout rouge, j'ai littéralement vu des gouttes de sueur perler sur son front. Incroyable, je vous dis ... Il a commencé à balbutier ... Oui, Jean, vous essayez de nous communiquer quelque chose, on vous écoute ... Et là, Jean est presque cramoisi, il desserre son nœud de cravate et transpire abondamment ... Je vois une auréole apparaître presque instantanément ... C'était trop pour moi ... J'ai juste eu le temps de quitter la salle avant d'exploser de rire ... » et tous s'esclaffaient. Jean n'était, bien sûr, pas l'unique victime : l'anxiété de Marion, la dentition de Jérémie ou encore la petite taille de Bastien faisaient régulièrement l'objet de railleries.

Je ne savais alors pas quelle attitude adopter. Leurs paroles me répugnaient mais mon envie de m'intégrer et mon manque d'assurance m'empêchaient de réagir. Souvent, je finissais par baisser les yeux en paraissant soudainement inexorablement attirée par le contenu de mon assiette. Et à chaque fois, je me faisais promettre à moi-même de ne pas laisser passer une remarque de plus, sans pour autant ne jamais y parvenir.

Petit à petit, je finis par devenir la plante verte de ces cinq hommes : ils s'étaient habitués à ma présence, bien que me donnant peu d'attention. Et j'attirais sur eux le regard de nos autres collègues qui étaient sûrement surpris de voir une jeune fille d'une vingtaine d'années manger avec un groupe de quinquagénaires aux crânes dégarnis et aux tempes grisonnantes. Lassée, presque fanée, je finis par ne plus aller à la cantine, refusant poliment lorsque Jean-Pierre venait me chercher à mon bureau.

Je pris plutôt l'habitude d'amener un sandwich que je confectionnais le matin et de me rendre ensuite au parc Pierre Lagravère situé à proximité du bureau et qui faisait office de poumon vert pour la ville de Colombes. Je m'asseyais toujours sur le même banc et profitais de l'été indien, des températures encore beaucoup trop élevées pour une fin de mois de septembre et du soleil qui caressait ma peau. Je croisais tous les midis les mêmes personnes : des joggers qui venaient se défouler, des mères de famille avec leur poussette … Nous avions fini par nous saluer. Ces moments d'interactions sociales aussi minimes soient-ils, un sourire, un regard, un geste de la main égayaient ma journée et venaient rompre avec l'atmosphère grise et morne des bureaux.

Un midi, il pleuvait des cordes. Impossible de déjeuner dehors. Je n'avais pas d'autre choix que de manger à mon bureau. La pluie n'avait cependant pas découragé mes collègues qui avaient quitté l'open space au compte-gouttes, comme à leur habitude. A 12 h 15, je réalisai que j'étais seule. Tout doucement, je me levai de ma chaise et fis le tour de l'open space à pas de velours pour vérifier qu'aucun collègue ne se cachait dans un recoin. Personne. J'avais 200m^2 pour moi toute seule. D'un coup, le silence avait envahi l'espace. Fini le cliquetis des doigts sur les claviers d'ordinateurs, les éclats de voix, le bruit de papier froissé. Ce silence avait une vertu étrangement apaisante. Dans un état presque méditatif, je sortis mon sandwich de mon sac en retirant le plus doucement possible l'aluminium qui l'emballait. Comme si le moindre bruit pouvait rompre l'osmose qui s'était installée. En arpentant les allées, le buste gonflé, la tête haute, je me sentais étrangement puissante. J'étais la Reine autoproclamée de l'open space qui régnait en maître sur une armée de claviers et de fauteuils ergonomiques. En déambulant, je ne pus m'empêcher de jeter un coup d'œil sur les bureaux inoccupés. Je restais discrète, dans le cas où l'un de mes collègues reviendrait plus tôt et je ressentais une montée d'adrénaline, à chaque fois que j'entendais l'ascenseur. Je fus amusée de voir un mot croisé du journal distribué dans le métro à moitié caché sous un clavier, un dossier rempli de factures personnelles de téléphone et d'abonnement internet éparpillées qui étaient en train d'être classées ou encore un magazine people camouflé entre deux dossiers.

Ces postes de travail répliqués à l'identique sur des centaines de mètres, où rien ne dépassait n'étaient en réalité qu'une façade : chacun vaquait tranquillement à ses occupations personnelles.

Octobre

L'hiver approchant à grands pas, les déjeuners au parc devenaient de plus en plus compromis. Je ne me voyais pas manger tous les midis à mon bureau et la perspective de retourner à la cantine ne m'enchantait guère. Cette situation, qui pouvait paraître insignifiante pour une personne extérieure, était devenue pour moi une grande source d'inquiétude, j'avais moi aussi été atteinte par cette obsession : que pouvais-je faire à l'heure du déjeuner ? J'y réfléchissais le soir avant de m'endormir, mais ne trouvais pas d'occupation. Et puis, un mercredi, en sortant du tramway, je vis un tract par terre annonçant l'ouverture prochaine d'une nouvelle salle de sport à Colombes. L'image de la jeune femme souriante, en leggings et brassière de sport en train de courir sur un tapis, représentée sur le prospectus resta dans un coin de ma tête toute la journée.

J'avais toujours aimé le sport. Petite, je m'étais essayée à différentes pratiques : le judo, l'escrime, l'équitation ou encore la danse. Avant de trouver ma voie : l'athlétisme. J'aimais la compétition, le challenge mais aussi les valeurs de respect et de solidarité véhiculées par le sport. Mon épreuve préférée était sans aucun doute le 800 mètres. Avec le recul, je pense que c'était celle que je chérissais le plus parce que c'était sur cette distance que mes performances étaient les meilleures. J'avais d'ailleurs remporté plusieurs compétitions départementales. Et puis, au fur et à mesure que je grandissais, cela devenait de plus en plus compliqué de concilier les entraînements et les impératifs scolaires. J'avais fini par arrêter l'athlé en entrant au lycée. Le choc avait été brutal. J'avais au début l'impression d'avoir un trop-plein d'énergie dans mon corps, qui n'était pas dépensée. Et puis, mes copines et mon entraîneur me manquaient. J'en revenais même à regretter les séances en hiver dans le froid ou sous la pluie, le stress avant les compétitions, le dépassement physique sous les encouragements du coach lors des courses, quitte à vomir à peine la ligne d'arrivée franchie. Mais avec le temps, ce manque s'était atténué et mon intérêt s'était porté sur d'autres sujets, largement influencés par mes amies du lycée, à savoir les fringues, les potins et les premières histoires amoureuses. Mais maintenant que j'avais le temps, pourquoi pas me remettre sérieusement au sport ?

Dès le lendemain, je décidai d'aller me renseigner sur les conditions d'inscription à la salle de sport. Elle était située dans un ancien entrepôt réhabilité et était constituée d'une immense pièce avec des murs en brique dans laquelle on avait disposé en rang d'oignons de multiples machines : vélos d'appartement, steppers, tapis de course, rameurs … Tout était neuf. Le jeune homme athlétique qui m'avait fait visiter l'endroit me tendit le formulaire d'inscription avec un sourire charmeur. Je signai, soulagée d'avoir trouvé enfin une occupation durant l'heure du déjeuner.

C'est ainsi que, dorénavant, je me rendais le midi à la salle de sport et pédalais sur un vélo en regardant les replays d'une émission de téléréalité de la veille diffusée sur un écran géant. Je prenais ensuite une douche rapide et retournais manger ma gamelle à mon bureau. Je m'accommodais de cette nouvelle routine et constatais que je n'étais pas la seule à la suivre. En effet, dès ma première visite à la salle de sport, je croisai une tête connue qui poussait de la fonte, le visage déformé par l'effort, les sourcils froncés, la bouche entrouverte qui laissait voir des rangées de dents serrées tandis que des gouttes de sueur perlaient sur son visage.

Je reconnus Vincent dont le bureau était dans le même alignement que le mien, à l'opposé, collé à la vitre. Et ce n'était pas forcément un atout. Bien sûr, Vincent voyait le soleil de son fauteuil. Ce qui n'était pas mon cas : peu importe la météo, dès que je passais la porte de l'immeuble de Colombes, je savais que le ciel serait gris, puisque c'était la couleur du faux plafond qui avait été installé dans toutes les pièces. Cette proximité avec la fenêtre engendrait pour Vincent de nombreux désagréments : en hiver, il faisait extrêmement froid. Je pense que la température diminuait de 5 degrés par rapport à celle du centre de l'open space. Mes collègues concernés s'étaient bien sûr plaints à Jean-Pierre et un technicien était venu installer des cartons le long des baies vitrées pour essayer d'isoler et d'éviter les déperditions de chaleur. Cette tentative avait été vaine puisqu'il faisait toujours aussi froid et mes collègues avaient tous acquis des pulls supplémentaires et des mitaines pour pouvoir continuer à pianoter sur leur clavier d'ordinateur. Pendant la période hivernale, une partie de l'open space vivait comme des sans-abri, entourés de cartons, grelottant malgré les couches de laines qu'ils portaient. En été, c'était l'inverse, il faisait excessivement chaud près de la baie vitrée qui concentrait tous les rayons du soleil. Le kit estival était alors déployé par Vincent et ses collègues d'infortune : pare-soleil avec bouts en caoutchouc fixé sur les fenêtres, mini-ventilateurs avec port USB que chacun branchait sur son ordinateur, brumisateur de poche qui était fréquemment rechargé à la fontaine à eau.

Vincent était plus jeune que la moyenne d'âge de l'open space, je lui donnais 35 ans, à tout casser. Il était grand, mesurait près de 1m85 à vue d'œil, plutôt costaud, sportif – même si des poignées d'amour se devinaient à travers les t-shirts moulants qu'il portait. Vincent était récemment divorcé et papa d'un petit garçon. Il avait affiché des photos de son fils tout autour de son ordinateur ainsi que sur la vitre qui jouxtait son bureau. Vincent était, comme dirait ma petite sœur, en roue libre : il faisait fi des règles tacites de bienséance envers ses collègues et son employeur. Quand il revenait de la salle de sport en début d'après-midi, il n'hésitait pas à étendre sa serviette et ses vêtements souillés par la sueur sur les fauteuils libres de l'open space. Cela donnait lieu à des situations cocasses quand nos collègues revenaient de réunion et voyaient étendus à leur place ces linges mouillés et malodorants. Ils demandaient alors à qui appartenaient ces affaires. Un blanc de quelques secondes s'ensuivait avant que Vincent ne se retourne en laissant échapper un soupir, puis se lève de manière nonchalante. Il les récupérait ensuite et les étendait à nouveau sur d'autres fauteuils, si bien que la situation pouvait se produire plusieurs fois par jour. Nous savions bien sûr tous à qui appartenaient ces serviettes mais au fond de nous, nous craignions trop Vincent pour pouvoir l'accuser directement ou lui reprocher son manque de politesse. Vincent était en effet connu pour son caractère impulsif et ses sautes d'humeur.

Comme ce jour où un insecte était venu se poser sur le bureau d'Aminata, accolé à celui de Vincent. Elle en fut si surprise, que d'un geste, elle envoya valser sur le sol le petit parasite. Ce faisant, elle poussa un cri et s'exclama : « Venez voir ! C'est trop bizarre, un insecte s'est posé sur mon bureau, on dirait une grosse fourmi avec de longues ailes : une sorte de mutant entre la fourmi noire et la guêpe. »

C'est ainsi que je m'étais retrouvée avec cinq autres collègues, Clément, Hadib, Benjamin, Louis et Aminata accroupis, tous en rond autour de la fameuse créature. Son aspect était effectivement curieux. Chacun avançait sa propre théorie sur sa potentielle lignée génétique et sur la manière dont elle avait pu s'introduire dans le bureau. Ce moment constitua le premier échange amical que je partageais avec mes collègues. J'étais surprise de voir comment cet événement futile et somme toute banal avait réussi à délier les langues et à transformer cet open space froid en espace convivial où des rires et des voix amusées retentissaient. Ce fut malheureusement de très courte durée. Vincent qui pourtant était juste à côté, restait assis à son bureau, impassible. D'un coup, il se leva, prit sa paire de ciseaux, se fraya un chemin entre Hadib et Louis et dit : « Mais ce n'est rien ça, voilà ! » et vlan ! il coupa le pauvre insecte en deux, avant de conclure : « Comme ça, il n'y a plus à avoir peur ! » Il fit ensuite demi-tour et se rassit, comme si de rien n'était. Il ne semblait pas prendre conscience du caractère cruel et impulsif de son acte. Pendant quelques secondes, nous étions restés là, accroupis, les yeux ébahis. Puis, en silence, chacun était retourné à sa place et avait repris son travail.

Vincent était également lunatique : il pouvait arriver un matin d'été en short à fleurs et espadrilles qui lui donnaient un air de hippie en train de planer à Woodstock et plus tard dans la journée se mettre dans une colère noire parce qu'il n'y avait plus de place proposée par le CE pour le match de foot du PSG.

Et il n'y avait pas que son caractère qui était double, Vincent exerçait en effet deux métiers. En prêtant attention aux conversations téléphoniques qu'il passait dans l'open space depuis son poste fixe, je compris que Vincent n'était pas seulement informaticien. Il possédait également un riad à Marrakech qu'il gérait depuis la France et plus particulièrement depuis nos bureaux de Colombes. Nous assistâmes une fois à une conversation houleuse entre Vincent et celui qui semblait être le maître d'hôtel du riad. Des clients venaient en effet de partir sans payer. Vincent, furieux, indiquait à son employé les dispositions qu'il devait prendre : demander dorénavant aux clients de payer dès leur arrivée et former le réceptionniste pour qu'il soit plus vigilant aux allées et venues dans l'hôtel. Tout l'open space ne pouvait manquer d'entendre cette conversation.

Mais personne n'osait faire la moindre remarque. Même pas Jean-Pierre, beaucoup trop poli et conciliant face à la grande gueule de Vincent, alors qu'il était pourtant son manager et, de ce fait, le seul qui avait autorité sur lui. Ne recevant aucun rappel à l'ordre, il prenait de plus en plus de libertés et consacrait parfois des journées entières à ses activités de gestionnaire d'hôtel, sans faire preuve de la moindre discrétion. Si bien que nous pouvions suivre toutes les problématiques rencontrées : outre les clients partis sans régler leur note, il avait aussi été question des problèmes d'approvisionnement pour le petit-déjeuner, des difficultés à recruter du personnel fiable ou encore du filtre endommagé de la piscine, qui avait entraîné, un après-midi, une série de commentaires négatifs sur Internet. Vincent avait alors sillonné l'open space, se postant au hasard derrière une chaise de bureau, avant de murmurer à l'oreille de son occupant : « Eh, est ce que tu pourrais laisser un commentaire sur TripAdvisor pour mon riad, je t'ai envoyé le lien par mail. » Et il restait là, à regarder notre écran par-dessus notre épaule, jusqu'à ce que ce soit fait. Et nous nous exécutions sans rien dire, écrivant des louanges sur cet hôtel au Maroc où aucun d'entre nous n'avait jamais mis les pieds.

Novembre

Les jours passaient, la même routine s'enchaînait : métro, tram, boulot, sport, boulot, tram, métro et ainsi de suite. Ça y est, j'étais rentrée dans la spirale infernale des cadres parisiens. Entraînée par une force centripète invisible dont je ne pouvais me défaire.

L'ambiance au sein de l'open space était pour ainsi dire inexistante. Les seuls échanges entre mes collègues se résumaient à un « Bonjour » prononcé à la volée que chacun avait pris l'habitude de dire plus par automatisme et mimétisme que par volonté d'engager la conversation. Puis un « Bonne soirée » clôturait la journée et marquait la délivrance de cette cage grise aux barreaux invisibles mais bien présents. Dans ce contexte froid et terne, je n'avais pas réussi à créer de véritables liens avec quiconque dans l'open space. Il faut dire aussi que mon poste était solitaire : je n'avais pas à interagir pour pouvoir mener à bien ma mission.

A partir de mi-novembre, ma charge de travail commença à s'amenuiser considérablement. J'avais, depuis mon arrivée à la banque, créé les tableaux de bord à partir des fichiers Excel que je recevais de la part du service des ressources humaines. Après quelques recherches sur internet, j'avais même créé un programme qui permettait la mise à jour automatique de ces données, au fur et à mesure de leur actualisation. Tous les quinze jours, j'envoyais par mail ces tableaux de bord à Pierre et Jean-Pierre, auxquels je joignais mon analyse. Je n'avais que très peu de contact avec mon manager. Jean-Pierre était rarement à son bureau, enchaînant les réunions du matin au soir et les seules fois où il était présent dans l'open space, il paraissait extrêmement occupé, souvent au téléphone tout en écrivant ses mails.

Au fur et à mesure des jours, ma charge de travail se réduisait comme peau de chagrin pour arriver à environ 10 h par semaine, soit deux heures par jour. On était très loin des trente-cinq heures réglementaires et j'avais de plus en plus de mal à tenir les 9 h - 18 h de rigueur.

Au départ, je ne savais pas quelle attitude adopter. Si je ne me montrais pas suffisamment occupée, je craignais que l'on puisse remettre en cause mon poste et peut-être même mettre fin à ma période d'essai. Ce que j'aurais pris comme une humiliation. Je n'imaginais même pas la déception qu'auraient eue mes proches après les félicitations de l'été. Mais ce n'était pas uniquement pour garder mon emploi que je voulais paraître affairée. Je crois que j'avais honte aussi. Honte d'avouer que je n'avais rien à faire, honte que mon désœuvrement soit dévoilé au grand jour.

Lors d'une réunion, je décidai de glisser diplomatiquement quelques mots sur l'état de ma charge de travail à Pierre et Jean-Pierre : « D'ailleurs, si vous avez d'autres projets à me confier, n'hésitez pas ! » avais-je prononcé avec un grand sourire. S'ensuivit un blanc de plusieurs secondes – « peut-être était-ce la première fois qu'un membre de leur équipe se montrait ouvert à travailler plus ? » ironisais-je. Quoi qu'il en soit, je décidai de changer de sujet et leur demandai ce qu'ils pensaient des tableaux de bord que je leur avais envoyés. Le malaise était à nouveau palpable dans la salle. Jean-Pierre se racla la gorge :

« Ah oui ! Les tableaux de bord ... euh … tu nous les as déjà envoyés ? J'ai dû laisser passer le mail, excuse-moi c'est la course en ce moment !

Pierre renchérit :

– Tu sais, Romy, c'est pareil pour moi … mais promis je vais essayer d'y jeter un coup d'œil … Est-ce que tu pourras me renvoyer les rapports d'ailleurs … peut-être que j'ai supprimé le mail … sans faire exprès, bien sûr ! » Et ils s'esclaffèrent.

L'inutilité de mon poste me frappa de plein fouet : je ne servais à rien dans l'entreprise. Je n'avais strictement aucune utilité. Mon impact était nul puisque les analyses que je fournissais n'étaient pas lues. Nous étions en novembre et j'avais envoyé le premier tableau en septembre. Je me rappelais encore ce premier mail pourtant concis (il ne devait pas faire plus de 5 lignes), sur lequel j'avais dû passer plus d'une heure pour trouver la bonne formulation, le bon phrasé. Comme je m'adressais à deux personnes, fallait-il que je débute le mail par « Bonjour Pierre, Bonjour Jean-Pierre » ou bien « Bonjour Jean-Pierre, Pierre » ou préférer le formel « Bonjour Messieurs » ? J'avais hésité de longues minutes, puis j'avais opté pour un simple « Bonjour ». Ces doutes m'avaient à nouveau envahie au moment du choix de la formule de politesse qui allait clôturer mon message. Jean-Pierre concluait ses mails par 4 lettres « cdlt » qui étaient l'abréviation de « Cordialement », Pierre quant à lui préférait un énigmatique « ++ », que j'avais interprété comme un « à plus tard ». J'avais fini par trancher pour un « Bonne journée » amical et chaleureux.

Les journées passaient extrêmement lentement et je ne pouvais m'empêcher de regarder plusieurs fois par jour l'horloge de mon ordinateur. Ce qui rendait le temps encore plus long. L'expression « mourir d'ennui » prenait tout son sens entre les quatre murs du bureau de Colombes. Pour la première fois de ma vie, j'éprouvais cette sensation : celle de l'ennui qui vous ronge jusqu'à la moelle, qui fait vriller votre cerveau au point où vous avez l'impression de devenir folle.

La flamme de la vie quittait progressivement mon corps, je n'avais plus envie de rien. J'allais travailler à reculons, et me renfermais sur moi-même. Cette spirale négative affectait également ma vie personnelle. Je me sentais extrêmement fatiguée et n'avais même plus la force de sortir le week-end avec mes amis. D'autant plus que, rapidement, Jean-Pierre avait confirmé mes craintes : les projets actuels étaient déjà suffisamment « staffés », comprenez – il n'y avait pas de place pour moi.

Alors que j'étais au bord de l'implosion, une force interne se créa en moi et me fit réagir, comme si j'étais en train de couler dans un océan agité et que mon corps inerte, après s'être écrasé contre les fonds marins, donnait soudain l'impulsion nécessaire pour remonter à la surface. Il fallait que je me ressaisisse. Mais comment faire ? Je restais plusieurs heures le soir dans mon lit à tourner et retourner cette question dans ma tête.

Progressivement, un plan d'action se dessina. Déjà, il était nécessaire que je réduise par tous les moyens mon temps de présence au bureau. Pour commencer, j'arrivais donc de plus en plus tard le matin. Lorsque mon réveil sonnait, je me prélassais de longues minutes dans mon lit, avant de me lever. J'allongeais également mes temps de pause. Le midi, je passais plus de temps encore à la salle de sport, noyant mon désarroi sur un vélo elliptique. Même mes pauses pipi duraient plusieurs dizaines de minutes. Il y avait cinq cabines dans les toilettes pour femmes situées à mon étage. Dès que je m'y rendais, je prenais bien soin de prendre avec moi mon téléphone portable et il m'arrivait, outre le scroll rapide des réseaux sociaux, de regarder un ou deux épisodes d'une série, assise sur le trône, le pantalon baissé, la tête appuyée contre le distributeur de papier toilette. Quelques précautions élémentaires étaient nécessaires pour que je puisse me livrer à cette occupation en toute tranquillité, sans éveiller aucun soupçon. Entre autres, avant d'ouvrir la porte des toilettes, je prenais bien soin de m'assurer que personne n'était dans le couloir et susceptible de me voir y entrer. Ma cabine de toilettes préférée était celle tout au fond car en plus d'être plus spacieuse, elle était également chauffée, ce qui la rendait très confortable. De temps en temps, quand j'arrivais dans le sas, elle était occupée. Je pestais intérieurement contre celle qui avait osé se mettre en travers de mon chemin. Je m'enfermais alors dans une autre cabine, en espérant que ce ne soit pas trop long. Il m'arriva une fois d'abandonner après dix longues minutes d'attente. J'avais interrompu une collègue qui avait entrepris de faire la grosse commission et qui ne voulait pas être entendue – ce que je concevais tout à fait. Mon doute se confirma, quand, après avoir rendu les armes, j'ouvris la porte des toilettes et entendis un bruit caractéristique.

Je passais également de longues heures sur l'intranet, à lire des articles sur l'actualité des différents services, que je devais probablement être la seule à consulter. Mais aussi à regarder avec attention l'annuaire de l'entreprise. J'eus du mal à reconnaître Jean-Pierre sur la photo que j'avais sous les yeux. Qui aurait pu croire que ce jeune homme d'une vingtaine d'années, les cheveux longs en bataille qui jetait un regard défiant à l'objectif, était aujourd'hui un cadre supérieur bien rangé ? Était-ce le temps ou ce travail qui l'avait changé à ce point ? Sûrement les deux.

Je constatais avec surprise que l'ennui semblait avoir décuplé mes sens. C'était comme si mon cerveau non stimulé reprenait pleine conscience de l'environnement qui l'entourait. Mon ouïe était plus fine. Sans regarder, j'étais capable de reconnaître qui passait à côté de mon bureau uniquement avec les vibrations produites sur le sol. J'arrivais à distinguer les pas lourds et gauches de Vincent de ceux de velours de Jean-Pierre ! Même si cela n'était d'aucune utilité, ce petit jeu avec moi-même rythmait mon quotidien. Tout comme les pauses café.

Je me rendais régulièrement à la machine à café. C'était une grande machine du même type que celles que l'on retrouvait sur les aires d'autoroute et qui proposaient pour quelques centimes plusieurs choix de thés, cafés ou soupes, que j'avais rapidement tous goûtés. Celle-ci était située à proximité de l'ascenseur dans un couloir étroit. Sa localisation n'était pas propice à l'échange : elle avait été judicieusement disposée à cet endroit pour que les utilisateurs viennent prendre une boisson chaude et retournent immédiatement à leur place. Cette règle tacite était respectée par tous, sauf le matin. En effet, lorsque j'arrivais, je passais devant la machine pour me rendre à mon bureau et il y avait souvent un petit attroupement dans le couloir. Je me retrouvais donc à me frayer un chemin au milieu de ce cercle de quinquagénaires qui discutaient du match de foot de la veille ou commentaient l'actualité. Dès qu'une personne arrivait, les conversations s'arrêtaient subitement et les regards se portaient sur l'individu qui traversait le groupe. Quelques chuchotements pouvaient se faire entendre. Tout était analysé et commenté : du type de vêtements portés au style de la démarche, en passant par la coiffure et le maquillage. Le couloir se transformait en un véritable podium, comme dans un défilé de mode. Au début, j'étais amusée et me prenais au jeu, relevant la tête et le buste, marchant comme sur un fil invisible. Mais après quelques semaines, je ressentais une véritable lassitude : les regards appuyés, les messes basses constantes à mon passage me rendaient mal à l'aise. Pour y échapper, je ne voyais qu'une solution : décaler encore mon heure d'arrivée au bureau, et rentrer dans le bâtiment une fois la machine à café désertée. J'avais à présent pour cible de passer le portique de l'immeuble de Colombes aux alentours de 10 h 30.

Décembre

Avec ce nouvel emploi du temps, je me retrouvais presque tous les jours dans le même tramway que Sophie et nous avions commencé à sympathiser. Nous travaillions toutes les deux au même étage : son bureau était situé deux rangs derrière le mien. Sophie était franco-vietnamienne. De petite taille – à côté d'elle je paraissais presque grande avec mon 1m60, elle avait des yeux en amande marron clair et des taches de rousseur parsemaient son nez aquilin. Sophie avait un genre plutôt punk/rebelle. Je ne tardais pas à m'apercevoir qu'elle avait un piercing sur la langue. Fan inconditionnelle de Dr Martens, elle était bien souvent vêtue de noir que ce soient des leggings, des mini-jupes, des combinaisons, des t-shirts ou des débardeurs, en fonction des saisons et de ses humeurs.

Quelques jours après notre première rencontre, elle avait décidé sur un coup de tête de se teindre les cheveux en bleu. Bien qu'elle m'eût annoncé la veille qu'elle avait envie d'un changement capillaire, je n'avais pas imaginé un bouleversement aussi radical. C'est ainsi qu'un mardi matin, nous entrâmes toutes les deux dans le bâtiment : elle, arborant fièrement sa nouvelle couleur et moi, scrutant les regards ébahis et m'amusant des réactions de ces bons pères de famille qui désapprouvaient sans aucun doute ce genre de look. A la banque, Sophie était développeuse informatique. Elle était, comme elle aimait le répéter régulièrement, au cœur du réacteur des flux d'argent. Geek depuis son plus jeune âge, elle était passionnée par les ordinateurs et avait chez elle un petit laboratoire au sein duquel elle créait des programmes, juste pour le plaisir. Sophie était l'une des personnes les plus franches que je n'avais jamais rencontrées. Elle ne savait pas cacher les émotions qui la traversaient et semblait tout ressentir de manière exacerbée. Dès qu'un collègue de la BR lui demandait de réaliser un développement informatique non anticipé, on l'entendait pester au téléphone : « Ouais, c'est relou, on s'est vu hier, pourquoi tu ne m'en as pas parlé ? Tu crois que j'ai que ça à faire aujourd'hui ? Vas-y, je vais te le faire parce que c'est toi mais t'abuses. » Elle passait ensuite la journée les sourcils froncés à tapoter sur son ordinateur, son « pépère » comme elle l'appelait, à souffler dès que quelque chose ne fonctionnait pas. Dans ces moments-là, nous savions qu'il ne fallait pas la déranger et attendre que ça passe. Sophie était réputée dans l'open space pour son caractère bien trempé, elle était à la fois crainte pour son côté « brut de décoffrage » et respectée parce que c'était la seule qui osait tenir tête à Vincent lorsqu'il dépassait les bornes. Au fil de nos trajets en tram, je découvris surtout une personne incroyablement généreuse, avec un sens inné de la justice, ne manquant jamais une occasion pour donner quelques euros aux SDF, toujours avec un grand sourire ou rattrapant d'une main ferme l'adolescent qui essayait de s'enfuir après avoir volé le porte-monnaie dans le sac d'une vieille femme.

Ma rencontre avec Sophie fut aussi celle qui marqua le début de ma vie sociale professionnelle. En effet, elle me présenta rapidement à Benjamin, Soraya, Louis et Elias, sa bande de collègues avec qui elle passait la plupart du temps. Nous travaillions tous au même étage, je les avais déjà croisés dans les couloirs mais n'avais échangé avec eux jusqu'ici qu'un rapide bonjour. Mais surtout, en intégrant le groupe, j'obtins la réponse à la question qui m'avait taraudé l'esprit des semaines durant. Eh oui, le mystère était percé, je savais maintenant où mes collègues déjeunaient le midi. J'appris que le petit groupe disposait d'une liste de restaurants testés et approuvés situés à proximité (parfois non immédiate) de Colombes. Benjamin, le doyen de la troupe, l'avait obtenue à son arrivée d'un certain Patrick qui lui-même l'avait eue de son prédécesseur. Au fur et à mesure, la liste était mise à jour en fonction des fermetures et des changements de propriétaires et enrichie avec de nouvelles adresses. C'est ainsi que je découvris un délicieux restaurant japonais qui proposait un menu à volonté au prix imbattable de 12€ par personne. Il était situé à Villeneuve-La Garenne, nous obligeant à prendre le bus pour un trajet de plus de vingt minutes. Qu'importe ! Nous étions prêts à tout pour avoir la chance de manger ces délicieux sashimis de saumon légèrement laqués à la sauce soja. Nous retournions ensuite repus au bureau, passant le reste de l'après-midi à somnoler. Nous allions également parfois déguster un Bò bún dans un délicieux restaurant vietnamien, qui était tenu par des cousins éloignés de Sophie. Il était situé rue de Budapest à proximité de la Gare Saint-Lazare. Pour nous y rendre, nous devions prendre le Transilien qui n'était malheureusement pas très régulier. A chaque fois, le même rituel se produisait : nous oubliions tous « malencontreusement » de regarder les horaires pour notre trajet de retour et nous n'arrivions au bureau qu'à 14 h 30, en nous plaignant ostensiblement des problèmes de transport. Ce comportement était révélateur de notre état d'esprit actuel : tout prétexte était bon pour raccourcir au maximum notre temps de travail.

Et ce n'était pas pour me déplaire. Avec ces découvertes gustatives, j'avais l'impression de voyager et de m'évader un peu tous les midis. Ce tourisme culinaire auquel nous nous livrions était ironiquement devenu ma première source de motivation pour me lever le matin.

Mes collègues du déjeuner me montrèrent également que la ville de Colombes regorgeait de surprises inattendues. De l'autre côté de la voie ferrée, en passant sous un porche, on arrivait rue Marc Bachet. C'était une ruelle à sens unique au fond de laquelle se trouvait une petite pizzeria. Si je n'avais pas fait entièrement confiance à mes collègues, je n'y serais jamais rentrée. Il faut dire qu'elle ne payait pas de mine avec sa devanture défraîchie sur laquelle s'étalait en grosses lettres « Bienvenue chez Pise Et Ria ». Ce jeu de mots franchouillard ne laissait rien présager de bon quant à la qualité et au raffinement des mets qui nous seraient servis. Et pourtant. Si le service laissait à désirer – il n'était pas rare que l'unique serveur mette ses pouces sur le bord de la pizza lorsqu'il l'apportait à notre table, les pizzas étaient délicieuses. La pâte était fine, la garniture conséquente, tout ce que j'aimais. Le restaurant réussissait à attirer des clients fidèles, qui, pour certains, avaient pris l'habitude d'y déjeuner tous les midis. Nino, un homme bedonnant d'une soixantaine d'années, italien pur souche qui avait gardé son accent chantant, en était l'heureux propriétaire. On était chez lui à la bonne franquette. Souvent nous devions partager notre table avec une personne seule pour faire de la place aux clients qui arrivaient en flux continu. Il était comme ça, Nino, on était chez lui comme à la maison et on devait respecter cet esprit décontracté si on voulait avoir le privilège de déguster ses délicieuses pizzas.

Au cours de ces nombreux déjeuners, j'appris surtout à mieux connaître mes collègues. Il y avait Soraya qui avait seulement quelques années de plus que moi. Elle était marocaine et après ses études à Rabat, elle avait réalisé un Master à Dauphine et avait décidé de s'installer en France. Soraya était très jolie, elle avait de longs cheveux noirs couleur jais et de grands yeux sombres qui se remplissaient d'étincelles quand elle souriait. Elle ne laissait pas beaucoup d'hommes indifférents. Elle était aussi arrivée à un stade de sa vie où elle aimait les histoires courtes qu'elle enchaînait à un rythme effréné et il fallait s'accrocher pour arriver à suivre quel était son petit-ami actuel et pourquoi elle avait mis fin à l'idylle précédente – car oui, c'était toujours elle qui rompait. Cela donnait parfois lieu à des situations assez cocasses et notre petit immeuble de bureaux devenait alors le théâtre d'un remake des feux de l'amour. Originaire d'une famille plutôt aisée qui faisait partie de l'élite de Rabat, Soraya avait un besoin constant d'attention. Habituée à être choyée et dorlotée depuis sa plus tendre enfance, se retrouver en France loin de sa famille lui était difficile. Elle avait du mal à s'accoutumer à la grisaille et au froid des hivers parisiens. Quand elle avait passé une mauvaise nuit ou quand elle avait un léger rhume, elle avait coutume d'appeler SOS Médecin. Elle expliquait ces réactions disproportionnées par son besoin qu'elle qualifiait de « vital » d'être cajolée, de sentir que quelqu'un s'intéressait à son état et la plaignait. Quand elle avait un coup de blues et que le mal du pays était trop intense – ce qui était assez fréquent, il lui arrivait de prendre sur un coup de tête, le soir même, un billet pour le Maroc et d'y passer quelque temps. Et pour ne pas perdre de précieux jours de congés, elle revenait avec un arrêt de travail écrit de la main d'un médecin marocain, si bien que Soraya était absente du bureau près de 5 jours par mois. Ce qui, bien sûr, aurait dû alerter le service des ressources humaines, mais elle ne fut heureusement jamais inquiétée.

Les caractères bien trempés de Soraya et de Sophie détonnaient avec ceux de Benjamin, d'Elias et de Louis.

Benjamin, le doyen, la cinquantaine révolue, s'était récemment séparé de sa femme avec qui il était resté plus de dix ans. C'était elle qui l'avait quitté, le laissant seul dans la grande maison qu'ils venaient d'acheter à Cergy, en banlieue parisienne.

Un matin d'été, il s'était réveillé de bonne heure. Ne la voyant pas couchée à ses côtés, il avait supputé qu'elle était sûrement partie faire un footing comme à son habitude. Et quand il était descendu dans la cuisine, il avait trouvé une lettre manuscrite, posée sur la table :

« Benjamin, tu vois bien que ça ne fonctionne pas et ça ne fonctionnera jamais. Nous sommes trop différents. Je suis désolée, mais c'est fini. »

Benjamin avait été anéanti : il n'avait rien vu venir. Pour lui, leur couple n'avait jamais été aussi fort. Bien sûr, il leur arrivait de se disputer et il était vrai qu'elle lui reprochait souvent d'être trop dans la lune et de ne pas contribuer suffisamment aux tâches ménagères. Mais évidemment, il y avait autre chose : Benjamin avait appris quelques semaines plus tard par un ami commun qu'elle s'était mise en couple avec l'un de ses collègues, avec qui elle entretenait une relation depuis plusieurs mois déjà. Cette nouvelle lui avait assené un second coup de massue. Pendant plusieurs semaines, Benjamin n'était plus que l'ombre de lui-même : son enveloppe physique était bien là au bureau tous les jours, mais son esprit était absent. Son visage d'ordinaire si expressif s'était transformé en un masque sans émotion. Benjamin était passé par toutes les étapes du deuil et il avait fini par accepter que oui, elle l'avait quitté, non, ils ne se remettraient pas ensemble, et oui, il fallait continuer à vivre sans elle. Cette rupture brutale avait cependant laissé sur lui une trace indélébile : son regard auparavant malicieux et vif avait désormais cet air triste et nostalgique qui ne le quittait pas.

Benjamin était très proche de Louis, malgré leur différence d'âge. Louis avait en effet deux ans de moins que moi. Il avait intégré la BR juste après l'obtention de sa licence. Louis était un gentil, un vrai gentil. Il avait deux missions principales au sein de la BR. Pendant la majorité de son temps, il était rattaché à l'équipe support, qui était chargée d'aider les utilisateurs, lorsqu'ils rencontraient un problème avec l'application de la banque en ligne. En sus, il consacrait une demi-journée par semaine à la gestion de la facturation, ce qui consistait à enregistrer sur le logiciel comptable les dépenses du service après qu'elles avaient été validées par Jean-Pierre. Ces deux fonctions lui convenaient plutôt bien puisque Louis, en plus d'être extrêmement méticuleux, était également doté d'une empathie hors du commun – il craignait toujours que ses propos soient mal interprétés et qu'ils finissent par blesser quelqu'un. Pour éviter de se mettre dans ce genre de situation, il analysait tout, ne passait à l'action qu'après avoir mûrement réfléchi aux différentes options qui se présentaient à lui. A cause de son caractère prudent et de son amour de l'harmonie, Louis était effroyablement lent et ne prenait que très peu d'initiative. Ce qui avait le don de mettre Jean-Pierre, pourtant si calme d'habitude, hors de lui. Il l'avait même une fois, dans un élan de colère, qualifié d'empoté. Il faut dire que Louis avait fait fort. Alors que Jean-Pierre était en congé, il avait reçu un mail de la part d'Agathe, une freelance qui avait été embauchée par le service quelques mois auparavant. Agathe signalait n'avoir toujours pas reçu le paiement de sa prestation et être en difficulté pour payer son loyer. Après vérification, Louis s'était rendu compte qu'effectivement le virement n'avait pas été effectué. Il y avait urgence. Tout ce que Louis détestait. Après avoir pesé le pour et le contre, il avait décidé d'envoyer un mail à Jean-Pierre :

« Bonjour Jean-Pierre,

Excuse-moi de te déranger pendant tes congés, je ne l'aurais pas fait si ça n'avait pas été important. Je sais que tu es en vacances et que tu as sûrement d'autres choses à faire, donc ne t'inquiète pas, je le prendrai pas mal si tu me réponds uniquement par oui ou par non. J'ai reçu un message d'Agathe. J'ai vérifié, nous ne l'avons pas encore payée, je ne retrouve pas la facture et elle aurait besoin que les fonds arrivent rapidement sur son compte pour pouvoir payer son loyer. Est-ce que je lui demande de refaire une facture ? Est-ce que tu valides le virement ?

Excuse-moi de t'avoir dérangé, mais cela m'a semblé important. Passe de bonnes vacances,

Louis »

Quelques minutes après, Louis avait reçu une réponse ou plutôt deux lettres en provenance de la boîte mail de Jean-Pierre : « OK. » Damned. Louis s'était pris la tête dans les mains. Nous l'avions vu ensuite faire des allers-retours dans l'open space, l'air contrarié. Quand je l'avais interrogé sur son état, il m'avait tout raconté avant de conclure par :

« Comment est-ce que tu le comprends, toi ? Est-ce que c'est OK pour que je demande à Sandra d'émettre une facture ? Ou est-ce que c'est OK pour valider le virement ? »

Je lui conseillai de demander à Agathe une facture et d'attendre le retour de Jean-Pierre dans deux jours, avant de virer les fonds. Louis parut s'apaiser : « Tu as raison, je vais procéder ainsi. »

Mais seule une personne dépourvue de toute humanité pouvait en vouloir à Louis. Dès que l'on commençait à lui formuler le moindre reproche, il nous lançait un regard tellement désolé avec ses grands yeux marron, que tout était pardonné comme par magie. Louis était aussi toujours prêt à rendre service : à midi, si l'un de nous s'apercevait devant le portique de sécurité qu'il avait oublié son badge à son bureau, il n'avait même pas le temps de faire demi-tour que Louis était déjà parti à grandes enjambées le chercher. Également, dès qu'il allait à la machine à café, Louis prenait bien soin de proposer à tout l'open space si quelqu'un voulait quelque chose. Nous le voyions ensuite se transformer en barista et faire des allers-retours pour apporter à chacun la boisson commandée.

Louis était notre shoot de positivisme et de bonne humeur. Tout comme Elias, le dernier de la bande, qui était toujours souriant. D'origine kabyle, il était célibataire et adepte des sites de rencontre, il avait d'ailleurs toujours une anecdote amusante à nous raconter à ce sujet. Il suffisait que je croise ses yeux rieurs pour que la journée me paraisse d'un coup moins éreintante.

Au fil des discussions avec mes collègues, je me rendis compte qu'eux aussi avaient une charge de travail très faible. Cet ennui qui, je pensais, me concernait uniquement était en fait un mal structurel qui touchait l'ensemble du service. Cependant, jamais les rares visiteurs qui traversaient notre open space n'auraient pu imaginer notre désœuvrement. Rien ne transparaissait : mes collègues et moi étions comme les acteurs d'une pièce de théâtre dont le rôle serait de paraître le plus occupés possible.

Ainsi, certains fixaient leur écran d'ordinateur avec attention, les sourcils froncés comme s'ils venaient de s'apercevoir d'une erreur sur une ligne de code, d'autres consultaient avec attention des documents – des dossiers en cours pourrait-on croire alors qu'il s'agissait en réalité de version numérique de journaux qu'Elias nous imprimait tous les matins. D'autres encore, comme Vincent, passaient beaucoup de temps au téléphone et avaient des conversations très animées. Cette pièce de théâtre prenait une tournure de tragi-comédie quand on analysait un peu plus en détail les liens des protagonistes entre eux. Tout d'abord, je pense que chacun était intimement persuadé d'être le seul à s'ennuyer dans ce tourbillon d'activité. La honte qui entourait le désœuvrement faisait qu'il était très mal vu de se tourner les pouces. Il fallait paraître le plus affairé possible. Mais plus pervers encore, nous nous surveillions tous les uns les autres. Par exemple, si l'un d'entre nous quittait le bureau plus tôt que 17 h qui était l'horaire de fin habituel, il s'exposait alors aux regards appuyés de ses collègues, voire aux commentaires désobligeants : « Ah, je ne savais pas que tu avais posé ton après-midi ». Dans l'open space, plus besoin de badgeuse ou de caméra, les collègues servaient de garde-fou aux horaires flexibles. Ce présentéisme tacite était largement répandu, mais ce, uniquement jusqu'à 17 h. En effet, à 16 h 45, nous commencions tous à prendre nos dispositions, notre ballet de clôture de la journée débutait et se déroulait en trois actes. D'abord, un passage indispensable aux toilettes – il était nécessaire par précaution avant de prendre les transports en commun. Nous avions tous en mémoire l'histoire de Sophie qui était restée bloquée plusieurs heures dans le RER et qui, prise d'une envie plus que pressante, avait dû se résigner à faire pipi dans sa culotte. Nous savions tous à quelle heure nous passions les portiques du métro mais aucun de nous ne pouvait dire avec certitude à quelle heure il en sortirait.

Puis, acte 2, nous nous rendions ensuite juste à côté de la machine à café, où se trouvait un petit évier. Nous pouvions y laver notre tasse – la nouvelle politique écologique de la banque interdisait en effet l'utilisation de gobelets.

Et pour finir, nous rangions notre bureau : nous fermions nos cahiers et remettions les stylos utilisés dans le pot à crayons. Les plus maniaques d'entre nous alignaient les différents documents sur le bureau et rangeaient leurs surligneurs dans l'ordre des couleurs de l'arc-en-ciel. Nous remettions ensuite nos affaires personnelles dans notre sac à main ou dans notre sacoche en bandoulière.

A 16 h 55, tout le monde avait enfilé son manteau, sorti son pass navigo, fermé les fenêtres de son écran et attendait devant son ordinateur, son sac sur les genoux. Lorsque l'horloge de l'ordinateur indiquait 17 h 00, d'un bond, nous nous levions tous simultanément – comme une armée de pantins sur ressort – et nous dirigions vers la sortie, nous souhaitant une bonne soirée. Toute personne qui restait au-delà de cet horaire faisait l'objet de suspicions : que pouvait-elle bien avoir à faire ? Cherchait-elle à se faire bien voir de Jean-Pierre ?

Janvier

J'allais vite m'apercevoir que le désœuvrement et l'ennui pouvaient aussi être positifs et sources de créativité. Elias s'était remis au piano. Il prenait des cours deux fois par semaine après le travail. Très investi, il avait même entrepris de répéter ses morceaux au bureau dans l'open space. Il s'était acheté un clavier imprimé sur un poster géant en plastique qu'il dépliait sur sa table. Il sortait ses partitions et pianotait avec ses doigts sur les touches factices. Les yeux fermés, il se laissait emporter par cette mélodie sourde. Petit à petit, son visage et son corps paraissaient habités et bougeaient au rythme de la musique. Et Elias avait un public : nous assistions en silence à ce concert muet d'un autre genre. L'absence de sonorité portait toute notre attention sur le musicien. Ses moindres mouvements étaient épiés. Et quel spectacle que de voir cet homme grand, maigre et chauve, possédé par la musique s'agiter dans cet environnement immobile qui respirait le conformisme.

J'avais moi aussi décidé de ne pas rester oisive. Après cinq années d'études, la brusque arrivée dans un travail peu stimulant intellectuellement me frustrait. J'avais encore soif d'apprendre, d'enrichir mes connaissances. Après de longues mais fructueuses recherches sur internet, je tombai par hasard sur le site de la Sorbonne. Celle-ci proposait de suivre des cours de droit à distance et la formule, très flexible, permettait de s'inscrire en cours d'année scolaire. Pourquoi pas, après tout ? J'avais eu quelques cours de droit lors de mes études et j'avais toujours apprécié cette matière : sa rigueur, sa logique implacable, ses exercices codifiés.

Je fis alors toutes les démarches nécessaires pour m'inscrire. Ce qui me prit un certain temps. Il fallut retrouver mon diplôme du baccalauréat, mes bulletins du dernier trimestre de terminale et de mes années de fac. Mais ces recherches laborieuses furent récompensées et quelques semaines après, je reçus un courrier avec une lettre de confirmation d'inscription en licence 3 de droit, j'avais réussi à obtenir une équivalence. Cette enveloppe était accompagnée d'un petit colis, lequel contenait une clé USB. Une fois pluggée sur mon ordinateur, elle me donnait accès aux polycopiés et aux fichiers vocaux des cours enregistrés. Tous les matins, en arrivant au bureau, je branchais mes écouteurs et écoutais les leçons. Je prenais en même temps des notes sur mon cahier. Les cours étaient passionnants, je mettais beaucoup d'ardeur et cherchais à comprendre ces nouveaux concepts, ce nouveau domaine. Chaque jour pendant deux heures, mon esprit quittait ces bureaux gris de la banlieue parisienne et s'évadait dans les méandres du droit. J'avais soif d'apprendre, soif de passer au chapitre suivant.

A chaque fois, c'était une notification de la messagerie instantanée qui me faisait descendre de mon piédestal. Je cliquais sur la fenêtre et me joignais à la conversation avec mes collègues. Comme chaque midi, l'éternelle question était posée : « Où est-ce qu'on mange ? » Elle marquait la fin de mon questionnement philosophique et le retour à des considérations plus prosaïques. Cette interrogation était suivie par des échanges animés. Chacun écrivait ce qu'il lui faisait plaisir pour le déjeuner : plutôt japonais, italien, français, grec, turc, libanais, … Une fois que nous nous étions accordés sur le type de cuisine, ce n'était pas encore fini. Il fallait choisir le restaurant puis en fonction de sa localisation, nous devions nous intéresser au transport. Rien n'était simple. Nous n'étions pas conciliants pour le choix de notre déjeuner qui représentait pour chacun d'entre nous l'unique distraction de la journée. Même si j'aurais préféré continuer à étudier pendant quelques minutes encore, j'aimais ces échanges avec mes nouveaux compagnons d'infortune, tout comme j'appréciais ces découvertes culinaires. Mon budget alimentaire n'avait jamais été aussi élevé, mais qu'importe ! Il était devenu plus que vital pour moi de pouvoir échapper ne serait-ce que deux heures par jour à ce bâtiment austère, à ce travail lassant. Je n'en pouvais plus de ces managers absents qui étaient incapables de se rendre compte de notre désœuvrement. J'en avais également plus qu'assez de cette surveillance omniprésente. Dès que nous allumions notre ordinateur, nous étions automatiquement connectés à la messagerie instantanée, appelée « Link ». Celle-ci était assez semblable à MSN qui avait marqué mon adolescence. Elle nous permettait de communiquer avec n'importe quel autre salarié du groupe en lui écrivant un message ou en lui partageant un fichier. Cette application était extrêmement utilisée et très pratique, notamment pour les conversations de groupe. Elle permettait en effet d'obtenir une réponse rapide et d'éviter les boucles de mails sans fin. Mais cet outil était aussi pervers. En effet, il enregistrait automatiquement depuis combien de temps l'utilisateur était « inactif », comprenez, pas à son poste de travail. La messagerie étant liée à l'agenda, elle indiquait automatiquement quand le salarié était en réunion. Ainsi, le statut « inactif » correspondait bien à une absence non justifiée à son bureau. En consultant l'outil, je pouvais savoir combien de temps Vincent prenait à l'heure du déjeuner, à quelle heure il se rendait à la machine à café, etc. C'était un formidable outil de surveillance contre lequel nous ne pouvions rien faire.

En plus de la fameuse « pause déj », nous faisions également deux « pauses clopes », une le matin et l'autre l'après-midi, ensemble, tous les cinq. Même si je ne fumais pas, je les accompagnais et nous nous asseyions toujours sur un banc public qui était sur le trottoir en face de l'immeuble. Nos autres collègues fumeurs restaient, quant à eux, juste à la sortie du bâtiment et ils nous regardaient souvent d'un mauvais œil. Il faut dire que l'on avait un style plutôt hétéroclite et qui, pour différentes raisons, ne leur plaisait guère : Sophie l'insoumise avec ses cheveux bleus et son piercing à la langue, Elias le rockeur avec ses blousons et pantalons en cuir, Louis le jeune candide, Soraya l'impétueuse femme au cœur d'artichaut, Benjamin le junkie qui fumait un pétard chaque après-midi, dont les vapeurs d'odeur atteignaient le parvis de notre immeuble et moi, la jeune blasée qui refusait de faire semblant et de rentrer dans le moule. J'étais fière de faire partie de ce groupe de rebelles qui n'avaient au départ rien en commun mais que l'ennui avait rapprochés.

Mes petites activités extraprofessionnelles et les liens que j'avais tissés avec le groupe rendaient la situation plus supportable. Je continuais cependant à relancer fréquemment Jean-Pierre. Y avait-il un projet sur lequel je pouvais prêter main forte ? Avait-il besoin de moi pour l'aider à cocher toutes les cases de sa fameuse « To Do List » qu'il rédigeait consciencieusement tous les lundis matin pendant plusieurs heures ? Je lui proposais même de réaliser des tâches ingrates : photocopies, relecture et correction des fautes d'orthographe, mise en page de documents ou de présentations PowerPoint. J'avais avili mon cerveau, j'étais prête à balayer mes cinq années d'études et à ravaler ma fierté pourvu que je sois occupée. Mais la réponse de Jean-Pierre restait toujours la même : « Je suis désolé, Romy, mais je n'ai pas besoin d'aide. »

J'essayais tout de même de me rendre utile et n'hésitais pas à saisir la moindre occasion. Je dus par exemple effectuer une mise à jour de mon ordinateur pour pouvoir installer un logiciel permettant d'écouter mes cours de droit. Après le téléchargement, impossible d'imprimer quoi que ce soit. Je contactai alors le service de réparation informatique. Après plusieurs opérations parmi lesquelles le transfert de mon appel à un autre service puis à une autre équipe, la prise en main à distance de mon ordinateur par un technicien, la réception d'une formule à copier-coller en suivant un lien, j'avais à nouveau accès à l'imprimante. Quelques jours plus tard, ce fut Yacine mon voisin de bureau qui rencontra la même difficulté. Je me souvenais de la procédure à effectuer et pus résoudre le problème, sans qu'il n'ait à contacter le service de dépannage. La rumeur se répandit ensuite comme une traînée de poudre dans l'open space : si vous avez un problème avec le paramétrage de votre imprimante, demandez à Romy, elle pourra vous aider. J'étais satisfaite de voir que mes compétences étaient reconnues dans un domaine. J'étais la personne qui avait le précieux code permettant de reparamétrer l'imprimante. Avec ces dépannages et mes nombreux allers-retours entre mon bureau, la machine à café, les toilettes, l'extérieur, j'étais amenée à passer à de nombreuses reprises devant la fameuse imprimante. Je pris alors l'habitude de ramasser les feuilles qui y traînaient et de les apporter à la personne qui les avait imprimées. Je multipliais ainsi les interactions humaines. Moi qui jusque-là étais abattue par la situation, je m'ouvrais comme une fleur. Je souriais en tendant les feuilles de papier, papillonnais en discutant à droite et à gauche de tout et de rien. A force de me voir déambuler dans l'open space, mes collègues se rendirent compte eux aussi à quel point j'étais inoccupée. De me voir ainsi les rassurait sur leur propre sort. J'avais au moins cette utilité-là.

Un mercredi matin, j'étais très occupée à écouter, casque sur les oreilles, un cours de droit particulièrement complexe sur la responsabilité de l'Etat. En Polynésie française, une noix de coco était tombée sur la tête d'un adolescent alors qu'il se promenait dans un jardin public. Quelle était la responsabilité de la France face à cet accident ? J'étais perdue dans mes pensées et ne prêtais pas attention à la silhouette gracile qui s'approchait pour venir se placer à côté de mon bureau. Je sentis alors une main tapoter légèrement mon avant-bras. Je sursautai, retirai mon casque et vis la tête enjouée de Jean-Pierre se pencher vers moi :

« Romy, est-ce que je te dérange ? me demanda-t-il.

– Euh non, pas du tout, bredouillai-je.

– Est-ce que tu peux venir ? J'aimerais te voir quelques instants » renchérit Jean-Pierre.

J'étais mortifiée. Ce n'était pas du tout dans les habitudes de Jean-Pierre de venir me parler à l'improviste. Je marchai derrière lui sans savoir où nous allions. En traversant l'open space, je croisai le regard de Louis qui fronça les sourcils et fit la moue. Je compris par cette mimique qu'il voulait me dire « Mais qu'est-ce qu'il te veut ? » Telle était la question. Je n'en savais fichtrement rien. Durant cette marche silencieuse, mon cerveau était en ébullition. Je n'avais aucune idée de la sauce à laquelle j'allais être mangée et je repassais dans ma tête tout ce que Jean-Pierre pouvait me reprocher. Était-ce à cause de mes arrivées tardives ? En s'approchant de mon ordinateur quelques minutes plus tôt, s'était-il aperçu que je faisais rigoureusement autre chose ? Mon comportement était-il jugé exubérant avec mes allées et venues à la photocopieuse ? Était-il jaloux de ma soudaine notoriété dans l'open space ? Voulait-il me parler de mes nouvelles fréquentations et me convaincre de revenir manger avec lui à la cantine ? Etais-je licenciée ? Non, bien sûr que non, essayai-je tant bien que mal de me rassurer, tout ceci n'était que pure divagation de mon esprit. Perdue dans mes pensées, je ne me rendais pas compte que nous nous dirigions vers la cafétéria attenante au self. Jean-Pierre s'assit à une table et me commanda d'office un café. Mon cœur battait la chamade et j'avais l'impression de ressentir ses pulsations dans tout mon corps. Le serveur me l'apporta quelques minutes après et Jean-Pierre commença à parler :

« J'ai une bonne nouvelle à t'annoncer. Tu m'as demandé récemment si nous pouvions avoir une nouvelle mission à te confier. J'en ai discuté autour de moi, notamment avec Olivier Petit – je ne sais pas si tu vois qui c'est ?

– Mmh … Non ça ne me dit rien, répondis-je rassurée par la tournure que prenait notre discussion.

– Il est responsable d'IDC/CMS. Tu sais c'est un type grand, chauve, la quarantaine, très bavard, qui traîne toujours dans les couloirs, même si son bureau est normalement à La Défense … Enfin bref, en plus de son poste, il s'investit également dans l'organisation de l'intégration des nouveaux arrivants. Il recherche quelqu'un pour assurer l'animation de ces sessions qui ont lieu à La Défense tous les quinze jours, est-ce que tu serais partante ? me demanda Jean-Pierre.

– Bien sûr, avec plaisir, ça m'intéresse ! dis-je sans masquer mon enthousiasme.

– Bon, je vais te mettre en contact avec lui et le mieux, c'est que tu voies quand tu peux aller le rencontrer à La Défense. Il pourra te présenter comment se dérouleront ces journées d'intégration et ce qu'on attend de toi, me précisa Jean-Pierre.

– Très bien, super !

– Bon, une bonne chose de faite, cela devrait te permettre de t'occuper un peu plus ! Allez, faut que je file, à plus tard ! »

Il sortit en trombe de la cafétéria, sa tasse à café encore pleine, qu'il but d'une traite avant de la jeter à la poubelle près de la sortie. J'avais le sourire aux lèvres. Enfin, une lueur d'espoir, l'éventualité d'avoir une nouvelle mission, d'échanger avec de nouvelles personnes, d'être en déplacement entre deux endroits et ainsi sortir de ma cage aux oiseaux me remplissait de joie.

Quand je revins au bureau, le groupe du déjeuner me tomba dessus :

« Alors, qu'est-ce qu'il voulait ? Tout va bien ? me demandèrent mes collègues inquiets.

– Oui ! Jean-Pierre m'a proposé d'animer une fois tous les quinze jours les journées d'intégration pour tous les nouveaux arrivants du service informatique. Et ce sera à La Défense ! » leur répondis-je les yeux pétillants, pleine d'entrain.

A ma grande surprise, ils ne partageaient pas ma joie. Etais-je devenue si indispensable à notre petit groupe que la perspective de mon absence deux jours par mois les avait plongés dans un état de profonde désolation ? Même si c'était très flatteur, cela me paraissait quelque peu exagéré. Il devait y avoir autre chose. Voyant mon désarroi, Sophie me prit à part et me dit : « Tu sais Romy, La Défense, c'est pas comme ici, c'est un niveau au-dessus … Et les gens, ils sont pas pareils… T'es un numéro là-bas, pas une personne … J'y ai travaillé pendant cinq ans avant de venir ici. » Devant ma mine déconfite, Sophie tenta de me rassurer : « Mais ça a peut-être changé… tu nous diras. »

Un nuage venait d'assombrir le ciel bleu que je venais de retrouver.

Le jeudi de la semaine après mon échange avec Jean-François, en début d'après-midi, alors que j'étais assise à mon bureau en luttant de toutes mes forces pour ne pas m'assoupir – il faut dire que la digestion de la pizza quatre fromages de ce midi n'aidait pas – un téléphone sonna. La sonnerie me sortit de ma torpeur. Et je n'étais pas la seule, mes collègues eux aussi avaient sursauté. Il faut dire que ce fait était suffisamment rare pour qu'il intrigue. Dans l'open space, chaque poste de travail était équipé d'un téléphone fixe. Je mis quelques secondes à me rendre compte que c'était bel et bien mon téléphone qui sonnait et ce pour la première fois depuis mon arrivée à la BR. Mais qui cela pouvait-il bien être ? Intriguée, je décrochais le combiné.

« Allô ? dis-je, peu sûre de moi.

– Salut Romy, tu vas bien, c'est Olivier Petit, me répondit une voix grave et nasillarde.

– Oui très bien, merci et toi ? m'enquis-je.

– Ça va, ça va ! ouais, je te dérange pas ? Je t'appelle pour savoir si tu pouvais passer demain à mon bureau à La Défense. Tu serais dispo à 16 h ?

– Oui, bien sûr !

– Génial, tu es déjà venue à La Défense ? »

Olivier, sans prendre le temps d'attendre ma réponse, se lança dans une longue litanie : « C'est très grand La Défense ... Entre la Grande Arche, les 4 temps, le CNIT ... Et toi, tu es à Colombes ... Alors, le mieux serait que tu prennes le tram jusqu'à La Défense, puis tu prends la sortie 4. Tu marches, tu passes la tour Total, tu laisses l'immeuble en verre sur ta gauche, tu continues toujours tout droit ... » Puis silence. Olivier marqua une pause avant de poursuivre : « Chloé, ça va ma belle ? T'en es où sur la pres' pour le meeting de demain ? ... Ok cool... Génial, tu me l'envoies d'ici ce soir ? Au top ! »

Je me demandais si Olivier était pris d'une soudaine attaque, quand il enchaîna :

« Romy, tu es toujours là ? Désolé, Chloé vient de revenir ... On a un dossier urgent à traiter ! Du coup, on dit demain 16 h à mon bureau, dans la tour Asphalte au 7ème étage, sortie Ouest », m'indiqua Olivier avant de raccrocher.

Je m'empressai de prendre note de l'horaire et du lieu de notre rendez-vous, sans me formaliser de cet échange quelque peu décousu.

Le lendemain, j'étais de très bonne humeur dès le réveil. Je me sentais remplie d'énergie ! Je vivais la perspective de cette nouvelle mission comme un renouveau.

A 15 h, j'étais dans les starting-blocks. J'avais rangé mon cahier et un stylo dans mon sac à main et avais bien pris soin de regarder auparavant les horaires de tram. A 15 h 15 précises, je quittai l'open space. Je pris bien sûr le temps de saluer mes collègues en leur précisant bien que j'allais à La Défense pour une réunion. Je ne voulais pas sentir sur moi les regards désapprobateurs. Je pris le tramway, retrouvai le chemin du gratte-ciel où j'avais passé mon entretien. En quelques mois, rien n'avait changé. Toujours la même effervescence. Des femmes et des hommes qui marchaient tête baissée d'un pas rapide, sans prêter attention à ce qu'il se passait autour d'eux.

Je pris l'ascenseur, montai au 7ème étage et trouvai la sortie côté ouest. J'arrivai alors dans un vaste espace avec une centaine de petits bureaux alignés, collés les uns contre les autres. Ils étaient séparés par une allée très étroite. La densité au mètre carré était impressionnante. J'avais l'impression d'être dans un film où une personne (en général un policier) ouvrait une porte dans l'arrière-boutique d'un magasin et découvrait un atelier de fabrication textile clandestin. Ce qui était saisissant également quand on arrivait dans ce bureau, c'était l'odeur. Un mélange de sueur, de renfermé et d'égout. Rapidement, je remarquai qu'il n'y avait pas de fenêtre. Il n'y avait pas de possibilité d'aération naturelle. Bizarre, de l'extérieur de la tour, on avait l'impression que toute sa façade était recouverte de baies vitrées. Je commençai à arpenter les allées et observai les visages des personnes assises à leur bureau. J'avais pris soin de consulter le profil d'Olivier Petit sur l'intranet avant notre rendez-vous et avais bien en tête son visage. Mais les minutes passaient et pas de trace de l'homme avec qui j'avais rendez-vous. Je jetai un coup d'œil à mon portable et vis qu'il était 16 h 07. Panique à bord. Olivier allait sûrement penser que je n'étais pas venue. Il fallait que je fasse quelque chose. Je n'allais pas continuer à rôder éternellement. Je m'approchai d'une jeune femme et lui demandai :

« Excuse-moi, je cherche Olivier Petit. Est-ce que tu sais où je pourrais le trouver ?

– Bien sûr, il me semble que je l'ai vu partir en réunion il y a une quinzaine de minutes. Reste là, je vais voir si je le trouve », m'informa-t-elle.

Elle revint quelques instants après, me signala que la réunion d'Olivier allait se terminer d'une minute à l'autre et m'indiqua une salle libre dans laquelle il me rejoindrait dès qu'il aurait fini. Je la remerciai pour son aide, entrai dans la pièce, m'assis sur un fauteuil et sortis de mon sac mon précieux cahier et un stylo. Les minutes passaient et toujours pas d'Olivier. Au début, bonne élève, je me tenais droite comme un I sur ma chaise. J'avais commencé à noter dans mon cahier les questions qui me passaient par la tête à propos de cette journée d'intégration pour les poser ensuite à Olivier. Je voulais montrer que le projet m'intéressait et que j'avais commencé à y réfléchir. Après avoir griffonné plus d'une page, je sortis mon téléphone, fis le tour des réseaux sociaux, consultai quelques sites d'information, appris que François Hollande renonçait à se présenter à l'élection présidentielle, puis j'entrepris de classer les applications de mon écran d'accueil en différents dossiers. L'horloge de mon téléphone indiquait désormais 16 h 53. Presque une heure s'était écoulée. Peut-être qu'Olivier ne savait pas que j'étais dans cette salle-là… Dans le doute, je décidai de refaire un tour dans l'open space, scrutant le plus discrètement possible chaque visage. Alors que je m'apprêtais à retourner dans la salle de réunion, je fus intriguée par la vision d'un crâne entièrement chauve, très pâle, brillant qui dépassait dans le bureau, tel un œuf flottant dans une marée noire de fauteuils et d'ordinateurs. En m'approchant, je constatais que c'était bien lui : Olivier Petit était tranquillement assis à son bureau.

« Bonjour Olivier » lui dis-je en chuchotant presque pour ne pas déranger ses collègues qui travaillaient à côté. Il continua à taper frénétiquement sur son clavier, comme si j'étais totalement transparente. Pensant qu'il ne m'avait peut-être pas entendue, je renouvelai mon approche en haussant légèrement le ton.

« Oui, oui, qu'est-ce qu'il y a ? Oui, bonjour, oui, c'est pourquoi ? », marmonna-t-il sans jeter un seul regard vers moi. S'ensuivit un blanc qui me parut durer dix bonnes secondes. J'étais stupéfaite et ne savais pas comment réagir.

– Euh, c'est Romy, on s'était eu au téléphone hier, tu m'avais demandé de passer te voir aujourd'hui à 16 h, balbutiais-je.

– Ah oui, Romy, j'allais venir te voir, Patricia m'a dit que tu étais là. Mais je lui avais dit de te prévenir … tu pouvais m'attendre dans la salle de réunion O712 », me dit-il d'un ton presque exaspéré.

Je tombai des nues, ce type avait une heure de retard et il n'avait même pas la correction de s'excuser. Il me reprochait presque d'être venue le déranger à son bureau alors que nous avions rendez-vous. Je ne savais pas quoi dire :

« Euh … excuse-moi, on peut reporter à un autre jour, si tu préfères ? » lui proposai-je d'un air conciliant. Je préférais ne pas monter sur mes grands chevaux, j'avais besoin que cette nouvelle mission se passe bien.

« Non, allez, suis-moi, on y va ! » répliqua Olivier en soupirant, et nous retournâmes dans la salle O712.

Olivier m'expliqua son projet de réaliser une journée d'intégration unique pour tous les nouveaux arrivants de la division informatique de la banque d'investissement. Ces journées allaient être rythmées par des interventions de différents directeurs du groupe qui viendraient présenter leur activité et parler des sujets phares du moment : transformation digitale, importance de la sécurité informatique, la méthode agile … Olivier avait besoin de quelqu'un une fois tous les quinze jours pour assurer la transition entre les intervenants. Même si parler en public n'était pas ma tasse de thé, cette opportunité de sortir de ma zone de confort m'emballait. Mais au fur et à mesure qu'Olivier me présentait le projet, j'imaginais tout le travail qu'il fallait mener en amont pour qu'il puisse voir le jour. Je l'interrogeai alors à ce sujet :

« Et au niveau de la préparation, pour trouver les intervenants et les aider à préparer leurs présentations, tu as besoin de mon aide là-dessus aussi ?

– Non, non, tout est déjà prêt, le programme est fait, tous ceux qui doivent participer sont déjà au courant. Tu n'as jamais rencontré Clarisse et Chloé ? Ce sont deux consultantes qui travaillent pour moi. Ce sont elles qui ont créé cette journée. On recherche juste une personne pour l'animer. Elles pourraient le faire mais tu comprends, si les nouveaux arrivants sont accueillis par des prestataires, ça la fout mal en termes de message…Alors que toi, tu es salariée… Ah et puis, il faudra aussi que je te mette en relation avec Ludmila qui travaille chez SDX/RU à Bucarest. C'est elle qui nous assiste dans l'organisation logistique, elle va s'occuper d'envoyer les invitations à l'événement aux nouveaux arrivants. Elle a également la charge de commander un petit déjeuner et une pause goûter auprès du service de restauration. Rien n'est prévu pour le déjeuner mais on avait pensé que tu pourrais emmener manger les nouveaux arrivants à la cantine d'Asphalte et animer le repas … Bon alors, c'est OK pour toi ? La première journée est prévue dans quelques jours. On se retrouvera sur place directement, tu seras en observation et c'est moi qui piloterai. Comme ça, t'auras toi aussi la surprise du contenu de la journée ! Allez, ne t'inquiète pas, ça va bien se passer », conclut Olivier.

Le débit de paroles d'Olivier était impressionnant. Je ne m'attendais pas vraiment à ça. Perplexe, je répondis néanmoins par l'affirmative et pris congé. Cet échange m'avait laissé un goût amer. Il me faisait bizarrement penser au sentiment que j'éprouvais lorsque, en primaire, j'étais la dernière à être choisie dans une équipe lors des cours de sport. Étais-je passée du statut de « salariée inutile » à celui de « bouche trou » ? Cette « promotion » constituait-elle la suite logique de ma carrière au sein de l'entreprise ? Devais-je m'en réjouir ?

Je ne savais pas quoi en penser. Ce dont j'étais néanmoins sûre, c'était qu'Olivier m'avait fait une impression des plus détestables : sa nonchalance, son manque de respect, son assurance farouche représentaient autant de traits de caractère que j'exécrais.

Février

Le jour de la première journée d'intégration arriva plus rapidement que ce que j'avais imaginé.

Ce mardi matin là, je devais retrouver Olivier à 8 h 30 devant la salle qui avait été réservée pour l'occasion dans la tour Asphalte, les participants étant convoqués à 9 h. La Banque Rignault avait des moyens et voulait que ses clients le sachent. Ainsi, le premier étage du gratte-ciel était uniquement composé de salles de conférences où ses partenaires les plus prestigieux étaient invités. Grâce à ses relations au sein de l'entreprise, Olivier avait obtenu du directeur que deux fois par mois une salle soit consacrée à l'intégration des nouveaux arrivants. En sortant de l'ascenseur, au premier étage, on arrivait dans un salon d'accueil circulaire. Au centre trônait un immense comptoir et tout autour étaient disposés des fauteuils qui paraissaient tous plus confortables les uns que les autres. Entre chaque fauteuil, des sculptures d'art moderne comblaient les espaces vides. Le sol était entièrement recouvert d'un parquet en chêne lustré, si bien que chacun de mes pas produisait un son cristallin qui résonnait dans ce grand espace. Au mur figuraient des affiches et des photos qui reprenaient les valeurs de la société.

Je m'avançai doucement et me dirigeai vers l'hôte d'accueil qui attendait patiemment assis derrière le grand comptoir de marbre blanc. C'était un garçon d'une petite trentaine d'années, de grande taille avec une carrure athlétique. Ses yeux bleu azur et son sourire qui restait enfantin lui donnaient un air tout particulièrement sympathique. Sur son costume trois-pièces gris, en haut à gauche, au niveau de son cœur, il arborait fièrement un badge sur lequel on pouvait lire son prénom « Julien » et inscrit plus bas « A votre service ! ». Cette dernière phrase, écrite en grosses lettres noires, jurait avec le caractère raffiné et élégant du lieu. On aurait très bien pu retrouver ce type de badge sur les vendeurs Ikea ou Leroy Merlin. Je me présentai donc à Julien et lui dis qu'une salle avait été réservée pour les journées de formation des nouveaux arrivants. Première étape validée : la salle était bien prête ! Nous fîmes, avec Julien, un tour rapide des lieux : à droite se trouvait un auditorium qui accueillait certains conseils d'administration et réunions regroupant les dirigeants du groupe. A gauche, neuf grandes salles toutes identiques se succédaient.

Julien ouvrit la porte de celle du milieu. La pièce était grande et très lumineuse grâce à une grande baie vitrée. En m'approchant de la fenêtre, je remarquai qu'elle offrait une magnifique vue sur … un cimetière. Ambiance funeste pour souhaiter la bienvenue, pensais-je ! Le mobilier présent était d'une gamme de choix supérieure à celle des bureaux classiques. Une grande table rectangulaire pouvant accueillir une trentaine de personnes occupait la majorité de l'espace. Des fauteuils en cuir noir rembourrés étaient soigneusement rangés. A droite de l'entrée, il y avait un petit bureau sur lequel se trouvait un ordinateur. Julien me dit que je pouvais m'y connecter pour accéder à la présentation que je voulais projeter. Il m'informa également qu'il allait amener d'ici quelques minutes un petit déjeuner. Je m'installai au petit bureau, jetai un coup d'œil à mon portable. 8 h 50 … Toujours pas de nouvelles d'Olivier… Mais qu'est-ce qu'il pouvait bien faire ? Quelqu'un frappa à la porte… Ah enfin ! Mais non, faux espoir, ce n'était que Julien qui apportait un chariot avec des viennoiseries, du jus d'orange et des réchauds de thé et café. Il était suivi par deux hommes qui, je le compris rapidement, étaient les premiers participants. Les minutes qui suivirent furent ponctuées par un flux continu de personnes qui arrivaient. Je me présentai et les invitai à se servir d'une boisson chaude. Prenant mon rôle d'animatrice néophyte à cœur, je m'approchai d'un homme qui restait dans un coin, un peu à l'écart du reste du groupe.

« Bonjour, bienvenue ! lui dis-je pour amorcer la conversation

– Bonjour, me répondit-il froidement. Il avait l'air assez stressé.

– Ça va ? Tu es arrivé récemment dans la banque ? C'est ta première semaine ? » lui demandai-je pour relancer la conversation. Il écarquilla soudainement les yeux et me dit d'un air suffisant : « Ah mais je ne suis pas nouveau, ça fait presque quinze ans que je travaille ici, moi, mademoiselle … Je suis Richard de Broissia, je dirige la filiale de la banque privée, c'est moi qui vais assurer la première présentation. »

Oups, la gaffe ! Je reconnaissais maintenant derrière les rides et les cheveux poivre et sel, le visage poupin que j'avais vu dans l'annuaire. Je m'excusai et m'éloignai honteuse. Voilà un premier couac dont je me serais bien passée. A 9 h 30, la salle était comble. Chaque participant s'était sustenté et avait échangé quelques banalités avec ses voisins de table respectifs. Puis petit à petit, tout le monde avait commencé à me regarder. Que faire ? J'entrepris de me présenter … Quelques minutes de gagnées. Mais je n'allais pas pouvoir meubler très longtemps. Le silence commençait à être de plus en plus pesant. Je sentais qu'il y avait maintenant une vingtaine de paires d'yeux braqués sur moi. Mon visage prenait un teint de plus en plus rosé. Une petite goutte de sueur se détacha et commença à couler le long de ma colonne vertébrale. Monsieur de Broissia n'était pas d'une grande aide :

« Je ne peux pas commencer ma présentation comme ça, j'ai besoin qu'Olivier fasse une première introduction, mais où est-il ? Vous l'avez appelé ? Pouvez-vous le remplacer ? » me répétait-il, devant l'auditoire perplexe.

Je m'excusai, disant que je devais passer un coup de téléphone et invitai tout le monde à se resservir à manger. Je sortis en trombe de la salle et composai à la hâte le numéro d'Olivier, qui décrocha enfin :

« Bonjour Olivier, c'est Romy. Écoute, je suis dans la salle, tout le monde est là. Monsieur de Broissia est aussi arrivé, on t'attend pour faire la première introduction.

– Ah ! salut Romy. Ecoute, petite galère ce matin, j'étais à New York la semaine dernière, tout allait bien mais ce matin, je suis dans un jet-lag de l'espace, je te dis pas. Et je me suis dit que ce serait plus sympa si on avait des bonbons à grignoter pendant les présentations… du coup je suis passé au supermarché et tu sais quoi ? Je n'avais plus ma carte bleue, impossible de la retrouver. Du coup, j'ai dû faire opposition, je te raconte pas le bazar que c'était… enfin bref j'arrive ! »

Clic. Et il raccrocha. Le sens des priorités d'Olivier me paraissait plus que douteux. Et pas un mot d'excuse. Non. Pas un mot pour s'excuser de son retard de plus de 40 minutes, de m'avoir mise dans l'embarras, de m'avoir laissée seule sans aucune préparation. J'étais énervée mais ne voulais rien laisser transparaître. Et c'était avec un grand sourire que je retournai dans la salle. Tout le monde était assis, rien n'avait bougé. Les nouveaux arrivants commençaient à être agacés, certains avaient sorti leur téléphone portable. On commença alors à me poser des questions sur la journée. Qui seraient les intervenants ? Sous quelle forme se feraient les présentations ? … Et je n'en savais absolument rien. La situation virait au tragi-comique. Vingt personnes avaient été convoquées et accueillies en grande pompe. Mais celle qui les avait reçues ne savait pas ce qui allait se passer…

Soudain, la porte s'ouvrit avec fracas. C'était Olivier. Il était rouge, à bout de souffle, des auréoles presque jusqu'aux hanches : « Excusez-moi, je suis en retard, haleta-t-il. Mais, tenez ! Je vous ai acheté des bonbons. »

Il balança alors sur le bureau deux paquets de Dragibus Haribo. Les paquets avaient été jetés avec une force telle qu'ils glissèrent sur la table sous nos yeux ébahis et retombèrent sur le sol de l'autre côté. Olivier se précipita pour les ramasser, ouvrit un paquet et commença sa présentation, tout en mâchouillant. Il expliqua les différents métiers de la banque. Son discours était intéressant, mais ponctué de nombreuses digressions et d'anecdotes qui le mettaient en avant. Il racontait par exemple qu'il avait travaillé pour la banque à Singapour dans les années 90. Lui, alors jeune diplômé doté d'un flair hors pair, avait senti qu'il y avait du « pognon à se faire » dans le trading. Il avait alors rejoint le groupe, qui à l'époque embauchait à tour de bras des golden boys au look BCBG pour en faire des stars de la finance. Puis Monsieur de Broissia prit le relais. Il n'était visiblement pas très à l'aise, avait les yeux rivés sur ses notes qu'il tentait de déchiffrer à l'aide de lunettes à triple foyer. Sûrement passionnant, mais tout le monde avait décroché. Le reste de la journée se poursuivit sans encombre. Olivier me présenta aux différents intervenants. La prochaine session, il ne viendrait pas et ce serait à moi d'animer la journée, c'est-à-dire de faire le lien entre les différentes présentations. J'avais hâte que l'on me laisse ce champ d'action, de ne plus avoir à dépendre d'Olivier. J'étais aussi soulagée de quitter rapidement mon rôle de potiche et contente de m'éclipser même pour quelques heures le bureau de Colombes. Il faut dire que l'ambiance de travail – déjà morose – s'était franchement dégradée au sein de l'open space.

Le retour de congé de formation de Vanessa Raynaud y avait largement contribué. Vanessa était l'adjointe de Jean-Pierre et la responsable directe de la plupart de mes collègues. Elle avait une quarantaine d'années, était brune, plutôt grande et avait une peau laiteuse typique de ces personnes qui ne prenaient que très peu le soleil. Vanessa était une personne profondément acariâtre, jamais nous ne l'avions vue sourire ou être de bonne humeur. Célibataire, elle vivait seule à proximité du travail. Dans l'open space, les raisons de son célibat ne faisaient aucun doute pour les psychanalystes amateurs que nous étions. Tout était forcément lié à l'amour démesuré qu'elle portait pour son chat – un magnifique siamois aux yeux bleus et au pelage dense. Vanessa ne cessait de le prendre en photo sous tous les angles, clichés qu'elle accrochait ensuite fièrement autour de son bureau. Elle pensait sans doute nous faire plaisir en nous donnant le privilège de pouvoir admirer cette magnifique créature. Malheureusement, ces images ne semblaient émouvoir personne. Vanessa vouait à cet animal une passion immense qui frisait l'adoration. Mais si l'on en croyait les marques de griffures qui marquaient fréquemment ses mains et ses avant-bras, cet amour n'était pas réciproque. Par tous les moyens, elle cherchait à recevoir une marque de tendresse de sa part, le gâtant excessivement. Friandises, croquettes et pâtés bio, arbres à chats, Vanessa était à l'affût de toutes les innovations félines. Mais rien ne changeait. Jusqu'au jour où, quelques mois après son deuxième anniversaire, ce pauvre chat s'était vu diagnostiqué diabétique, après des mois de consultations auprès de spécialistes. Le couple avait trouvé son équilibre : le pauvre animal était désormais dépendant des soins que lui prodiguait Vanessa. Il ne pouvait pas vivre sans elle et elle sans lui. Arguant que son absence pouvait être fatale pour le pauvre animal, Vanessa s'était enquise auprès du service des ressources humaines de pouvoir amener son chat dans l'open space. Sa demande avait été platement refusée et Vanessa voyait désormais son travail comme l'obstacle qui l'éloignait toute la journée de son petit protégé. Cela se traduisait par un sentiment de haine profond envers l'entreprise, qui se déversait quotidiennement sur ses subalternes.

Le mardi 18 février, Hadib en avait été une fois de plus victime. Pour une raison inconnue, Vanessa s'était mise à hurler depuis son poste de travail : « Hadiiiiiiiib, à mon bureau, tout de suite. » En sursautant, nous relevâmes nos têtes d'un seul coup. On pouvait à présent voir une paire d'yeux qui dépassaient derrière chaque écran d'ordinateur. Nous étions comme une armée de suricates qui auraient entendu un prédateur arriver. Et Vanessa était bien cela, une prédatrice qui depuis sa tanière nous observait et choisissait sa proie. Aujourd'hui, c'était tombé sur Hadib. Celui-ci, aussi surpris que nous, se précipita au bureau de Vanessa.

Hadib était très grand, sa taille avoisinait les deux mètres. Il se déplaçait avec beaucoup de grâce, sa démarche était lente. Aujourd'hui la lionne s'attaquait à la girafe. S'ensuivit un échange entre Hadib et Vanessa, deux caractères que tout opposait : Hadib, très calme, posé, adepte de yoga vinyasa et Vanessa, l'impulsive, la forte tête. Quelques instants plus tard, Hadib retourna à son bureau penaud. Clément qui était assis à côté de lui demanda : « Mais, qu'est-ce qu'elle te veut ? »

Hadib commença alors à expliquer en chuchotant – étant assise juste derrière eux, je pensais être l'une des seules à pouvoir entendre ce qu'ils se disaient : « J'ai fait une erreur sur une ligne de code et apparemment ça a créé un bug sur l'application … »

Mais c'était sans compter sur l'ouïe surdéveloppée de Vanessa. Un nouveau rugissement se fit entendre : « Clément, tu laisses Hadib tranquille. Hadib, tu te concentres sur ce qu'on s'est dit. Si tu as une question, tu viens me voir et tu me la poses. Tu ne déranges pas Clément, il a suffisamment de choses à faire de son côté. »

La situation était tellement absurde qu'elle en devenait drôle. Je jetais un coup d'œil à Sophie et en voyant son regard interloqué, je ne pus m'empêcher d'échapper un petit rire que j'étouffai immédiatement en remontant mon foulard sur ma bouche, de peur de devenir la prochaine cible. Nous avions l'impression d'être de retour à l'école primaire : Vanessa était la maîtresse d'une classe dissipée et elle devait hausser la voix pour corriger Hadib, le mauvais élève et Clément, le bon copain qui essayait de l'aider. Nos âmes d'enfants retrouvées ne savaient pas comment réagir. Même Sophie et Vincent, les deux grandes gueules de l'équipe n'osaient pas se mettre en travers de la hyène. Notre instinct de survie prenait le dessus. C'était désormais chacun pour soi, un seul objectif : ne pas croiser le regard perçant de Vanessa, sous peine de voir la foudre s'abattre sur nous. Bien entendu, les nouveaux arrivants qui n'avaient pas encore connaissance des codes de l'open space étaient son terrain de jeu préféré. Assise à son bureau, elle prenait un malin plaisir à les torturer, à peine arrivés.

Ce fut le cas du pauvre Hugo, qui nous avait rejoints en février. Celui-ci avait mon âge et avait été comme moi, embauché à la sortie de ses études en développement informatique. A son arrivée, on lui avait attribué le bureau entre le mien et celui de Vincent, à la place d'Aminata qui avait déménagé un peu plus loin. En effet, à la suite de l'incident dit de la « fourmi volante », Aminata avait exprimé le souhait de ne plus être assise à côté de Vincent. Le motif officiel était que Vincent passait beaucoup de temps au téléphone et que, de ce fait, elle avait du mal à se concentrer. Mais personne n'était dupe et tout le monde savait de quoi il en retournait vraiment. Ce changement de voisin de bureau n'était pas pour me déplaire. Je m'entendais bien avec Hugo, qui était d'humeur toujours joviale. Il était originaire de Bordeaux où il avait également fait ses études et était ensuite monté à Paris pour le travail. Le matin de son arrivée, Vanessa l'avait profondément ignoré. Elle l'avait brièvement salué, d'un « bonjour » prononcé à la va-vite. Puis sans même lui adresser un regard, elle avait continué son chemin. En début d'après-midi, Vanessa, tout en restant assise, fit rouler sa chaise de bureau avec ses pieds, traversant une partie du plateau, slalomant entre les tables, emportant au passage le sac à dos de Didier dont les lanières s'étaient prises dans les roulettes et vint s'installer entre Hugo et moi. Sans détour, elle posa une feuille de papier sur le bureau d'Hugo et elle commença à griffonner frénétiquement. Elle dessinait des rectangles et des ronds qu'elle nommait d'acronyme : ETL, ERP, ITL, MMS, JJE, T2S … Tout cela était incompréhensible pour moi, mais Hugo acquiesçait et semblait parfaitement comprendre ce discours décousu.

Vanessa relia ensuite certains ronds et rectangles entre eux pour modéliser les connexions entre les différents serveurs ou logiciels. Elle parlait très vite et à la fin de cet exposé, elle demanda à Hugo s'il avait bien tout compris, si c'était suffisamment clair. Celui-ci répondit par l'affirmative. Alors, Vanessa prit la feuille de papier sur laquelle figurait le schéma et la déchira en deux puis en quatre puis en huit avant de la jeter dans la poubelle. « Très bien donc, je te laisse dix minutes pour le reproduire », dit-elle ensuite en pinçant les lèvres, avant de faire à nouveau rouler sa chaise en direction de son bureau.

Hugo blêmit, il prit sa tête entre les mains, ferma les yeux, comme s'il essayait de se remémorer le charabia prononcé quelques minutes plus tôt. Je le vis commencer à gribouiller quelques mots sur une feuille, avant de reculer sa chaise et de se baisser sous son bureau. Que faisait-il ? Il n'allait quand même pas fouiller dans la poubelle pour récupérer les morceaux du schéma de Vanessa ! Ah non, il ne faisait que ramasser son stylo qui était tombé.

Quelques minutes plus tard, Vanessa revint voir Hugo, sans sa chaise cette fois. Elle se positionna derrière lui, et pencha sa tête juste au-dessus de son épaule. Ils étaient tellement proches que de loin, on aurait pu croire qu'elle lui susurrait des mots doux à l'oreille. Mais ses paroles étaient loin d'être tendres : « Bon alors, ça en est où ? Montre-moi ce que tu as fait ! » lui ordonna-t-elle.

Hugo tout penaud tendit la feuille à Vanessa. Celle-ci ne comportait que deux petits rectangles dans un coin, en haut à droite. Aïe ...

« Quoi ? C'est tout ? Tu sais, si quelque chose n'est pas clair, il faut le dire. On a le droit de ne pas savoir mais on n'a pas le droit de ne pas poser de questions ... On va partir sur de mauvaises bases sinon ! vociféra Vanessa

– Je suis désolé, je pensais avoir compris mais apparemment je n'avais pas tout saisi. C'est qu'il est compliqué votre système d'information ... »

Hugo tentait de désamorcer la situation, mais cela ne fit pas rire Vanessa. Elle s'éloigna vers son bureau en maugréant : « Il est pas compliqué quand on veut bien essayer de le comprendre ... »

Je vis Louis qui, dans son dos, faisait une grimace en chuchotant « Gna gna gna ». Mais il avait dû parler un peu trop fort, Vanessa fit aussitôt volte-face et dit : « Quoi ? Louis ? Qu'est-ce que tu as dit ?

– Euh non rien, bafouilla-t-il, de peur de représailles.

– Ouais c'est ça, ne fais pas l'malin avec moi ! » menaça Vanessa.

Vanessa faisait régner une véritable terreur dans l'open space. Elle était souvent le sujet principal des conversations lors de nos déjeuners. Même quand elle n'était physiquement pas là, son emprise mentale était tellement forte que nous pensions tout de même à elle. Souvent, au début du repas, à peine attablés, l'un de nous commençait par « Vous avez entendu ce qu'a dit Vanessa ce matin ? » ou « Vous savez ce que m'a dit untel sur Vanessa ? ». Elle était devenue l'objet de toutes les obsessions et sa réputation allait au-delà de notre open space et même du service informatique. C'était ce dont je m'étais rendu compte rapidement en discutant avec les nouveaux arrivants des deux premières journées d'intégration. Dès que je leur mentionnais que je travaillais dans les bureaux de Colombes, nombre d'entre eux me répondaient « Ah mais c'est pas là que travaille aussi celle dont tout le monde parle, tu sais la véritable terreur qui pousse des cris à longueur de journée ». J'acquiesçais alors à demi-mot. Sans rien ajouter. Mais devant les regards brillants de curiosité que me jetaient alors les nouveaux arrivants, je ne pouvais m'empêcher de raconter une ou deux anecdotes au sujet de Vanessa, devenant moi aussi colporteuse de ragots la concernant.

Ces premières journées d'intégration, en l'absence d'Olivier, s'étaient déroulées sans encombre. Je prenais plaisir à écouter les interventions et, le midi, je déjeunais avec les participants à la cantine d'Asphalte. Cette dernière, située dans les sous-sols de la tour, était d'une qualité largement supérieure à celle de Colombes. Les cuisines ressemblaient à celles d'un restaurant gastronomique : une brigade s'agitait pour préparer une centaine de plats-minute en fonction des commandes des salariés. Le choix était conséquent et le prix modique. Durant le repas, chacun se présentait, expliquait son parcours, parlait de son ancien travail et de ses nouvelles missions. Je jouais bien sûr le rôle de la parfaite représentante de l'entreprise : oui tout se passait bien, j'étais très contente d'avoir intégré cette équipe, oui l'ambiance était très bonne, quel plaisir de se lever le matin pour travailler dans ces conditions ! Alors que j'avais envie de leur crier « Mes pauvres amis, partez tant qu'il est encore temps ! ». Je m'imaginais écrire avec les petits pois dans mon assiette le mot « FUYEZ », espérant que ce message subliminal soit compris.

Tout au long de la journée, je découvrais des métiers de la banque que je ne soupçonnais pas, notamment celui de responsable des risques opérationnels. La présentation de David Assouline, éminent représentant de cette fonction, était ponctuée d'anecdotes, ce qui la rendait tout simplement captivante. Il aimait raconter comment quarante employés s'étaient retrouvés à l'hôpital à la suite d'une intoxication alimentaire causée par du thon rouge avarié servi à la cantine ou encore comment un intérimaire qui, dépêché dans un data center – lieu où sont stockés les serveurs de sauvegarde de la banque, avait confondu le bouton d'arrêt d'urgence avec un porte-manteau. Il y avait tranquillement accroché sa veste et avait provoqué ainsi une gigantesque panne informatique qui avait coûté à la banque plusieurs dizaines de millions d'euros. Difficile de prévoir tous les risques, quand on voyait l'impact que des incidents du quotidien pouvaient avoir ! La présentation se terminait par l'énoncé des règles de sécurité à respecter. David était une personne stricte, il rentrait complètement dans son rôle de policier de la banque. Il n'hésitait pas à nous sermonner, quand nous avouions à demi-mot que nous avions déjà ouvert un mail dont nous ne connaissions pas l'expéditeur ou qu'il nous était déjà arrivé de brancher notre chargeur de téléphone portable directement sur un port USB de notre ordinateur professionnel. Sa voix était forte, il pesait chaque mot – on aurait presque dit la voix off des documentaires à sensation qui sont diffusés à la télévision. Son intervention constituait clairement le point fort de cette journée. A côté de la sienne, les autres présentations étaient soporifiques, les intervenants se contentaient de lire d'une voix monotone ce qui était inscrit sur les slides des présentations qu'ils projetaient. Ils se perdaient dans des détails incompréhensibles, si bien qu'un sujet qui paraissait simple devenait d'un coup un véritable imbroglio.

D'autres pensaient sans doute que ces présentations étaient l'occasion unique pour eux d'avoir une tribune pour défendre leur position et se mettre en avant. Monsieur Ryberon, par exemple, au lieu de présenter les bienfaits de la digitalisation des outils et des processus internes, en profitait pour se placer en précurseur, nous expliquant que tout ce qui existait aujourd'hui, c'était exactement ce qu'il voulait déjà mettre en place dix années auparavant. Lui, maintenant, il voulait que l'on aille plus loin, que l'on ait les mêmes modes de fonctionnement que Google, Facebook ou Amazon. Il avait visité leurs bureaux dans la Silicon Valley et avait échangé avec différents responsables. Ce qu'ils avaient mis en place, c'était tout simplement génial : plus de bureau attitré pour chaque salarié, plus de poste informatique fixe, toutes les données stockées dans le cloud, des échanges d'information uniquement via des messageries instantanées. Oui, mais comme le disait si bien David Assouline, nous travaillions dans une banque. Si Facebook n'était plus accessible pendant deux minutes, il y aurait quelques utilisateurs en pleurs et des messages moqueurs sur Twitter. Si l'application de trading était non disponible pendant ne serait-ce qu'une minute, c'étaient des millions d'euros de perdus assortis d'une amende de l'autorité des marchés financiers.

On pouvait à la suite de cette journée comprendre déjà les guéguerres qui se jouaient en interne.

Mars

Si les deux premières sessions d'intégration se passèrent sans encombre, à partir du mois de mars, la situation commença à se dégrader. Les intervenants étaient de plus en plus en retard et je devais systématiquement meubler le temps entre chaque présentation. Je comprenais bien sûr qu'ils avaient des agendas très chargés, mais ils s'étaient engagés à animer cet événement. La dynamique de la journée en pâtissait. Il fallait que je fasse quelque chose. J'avais envie de m'investir dans cette nouvelle mission, je voulais qu'il y ait au moins l'un des projets auxquels je participais qui se passe bien. Les intervenants étaient des directeurs du groupe, c'était sur la base du volontariat qu'ils participaient et je ne les connaissais que très peu. Je ne me sentais pas légitime de leur faire un rappel à l'ordre … Je décidai, un soir après une journée d'intégration, de monter voir Olivier à son bureau pour lui en parler :

« Ah, salut Romy, ça va ? Onboarding day today, n'est-ce pas ? Ça s'est bien passé ? » me demanda-t-il.

– Oui, oui, ça a été, tous les nouveaux arrivants conviés étaient bien présents. En revanche, les intervenants sont de plus en plus en retard … On a attendu Alain Reignier pendant vingt minutes. Du coup, tout le programme est décalé, on finit la journée plus tard que prévu, et certains ont râlé. Est-ce que tu penses que tu peux leur en toucher un mot ? Ou comment souhaites-tu procéder ?

– Tu as bien fait de me le dire, mais il va falloir la jouer serré. La journée existe grâce à eux et sans eux, il n'y a plus de journée d'intégration. Je vais leur en parler, d'ailleurs je dois prendre un café avec Alain demain matin, ce sera une bonne occasion de mettre ce sujet sur la table. Merci Romy. Allez, faut que je file, je suis overbooké en ce moment, je rentre en meeting dans deux minutes. On se fait un call la semaine prochaine ? J'aimerais avoir ton avis global sur la journée, me dit-il, tout en commençant à s'éloigner, son ordinateur portable sous le bras.

– D'accord, ça marche, à plus tard. »

Mais Olivier n'avait pas entendu ma réponse, il était déjà parti. Je sortis du bâtiment, contente d'avoir au moins pu aborder ce sujet avec Olivier, sans savoir que le coup de grâce me serait porté dès le lendemain après-midi.

Aux alentours de 15 h, mon téléphone sonna, je décrochai intriguée, comme à chaque fois que je recevais un appel.

« Bonjour Romy, c'est Clarisse, tu vas bien ? », entendis-je au bout du fil. Mon cerveau était en ébullition et scannait à toute vitesse les derniers mails que j'avais reçus et les fiches de présence des journées d'intégration. Ma mémoire me disait que je n'avais pas été en contact avec une personne de ce nom depuis mon arrivée à la banque.

« Bonjour, oui, ça va très bien et toi ? répondis-je.

– Oui merci ! Je suis consultante et je travaille avec Olivier Petit sur le projet d'onboarding des nouveaux arrivants de la DSI. Mmh, j'ai sous les yeux les questionnaires de satisfaction de la journée d'intégration que tu animes … Mmh, comment dire, c'est pas fameux … A la prochaine évaluation, je ne veux plus voir ces vilains rouges ! »

Je pouvais deviner à travers le combiné la moue légèrement dédaigneuse de Clarisse.

« C'est important qu'on soit dans le vert, donc avec un taux de satisfaction global supérieur à 90 %. C'est primordial si on veut mener à bien le projet, tu comprends ? », m'expliqua la consultante comme si j'étais complètement demeurée.

J'étais sous le choc. Je ne savais pas que les participants devaient noter la journée et, par là même, ma capacité d'animation. Je voulais demander des explications, mais j'étais trop subjuguée par l'émotion et aucun son ne sortait de ma bouche. Je sentis les larmes monter : un sentiment d'impuissance, d'injustice mais aussi de rage s'emparait de moi.

« Est-ce que je peux te rappeler dans 15 minutes ? » dis-je précipitamment à la fameuse Clarisse, tout en inscrivant dans un coin de mon cahier le numéro qui s'affichait sur l'écran de mon téléphone.

Je raccrochai ensuite brutalement le combiné sans lui laisser le temps de répondre. Je courus alors jusqu'aux toilettes, ouvris la porte de la première cabine et la refermai à clé avant de m'écrouler par terre. Je restai là pendant plusieurs minutes à pleurer à chaudes larmes. Je sanglotais et n'arrivais plus à m'arrêter. C'en était trop. Mes larmes représentaient toutes les déceptions et les désillusions accumulées, tout ce que j'avais pris sur moi sans rien dire. J'avais l'impression d'avoir touché le fond. J'étais en train de me noyer dans un problème sans solution, dans une entreprise sans reconnaissance. Je devais essayer de saisir la bouée qui me permettrait de sortir de cette spirale néfaste. Il fallait que je rebondisse. Rien ni personne ne méritait que je me mette dans un état pareil. Je n'allais pas laisser une entreprise détruire ma vie. Je devais prendre du recul, être détachée de chaque situation, pour faire face.

Je me ressaisis, me relevai et jetai un coup d'œil dans le miroir. Vision d'horreur. J'étais toute rouge, j'avais les yeux gonflés et les joues humides. Je me passai de l'eau sur le visage, ça allait mieux. Il fallait maintenant que je rappelle Clarisse, que j'en sache plus. Je sortis des toilettes et retournai à mon bureau. A peine assise, je composai le numéro. Deux sonneries plus tard :

« Clarisse Gatineau, bonjour, me répondit une voix fluette en décrochant.

– Salut Clarisse, c'est à nouveau Romy. Désolée pour tout à l'heure. Je n'avais pas connaissance de l'existence des questionnaires de satisfaction. Est-ce que les nouveaux arrivants ont laissé des commentaires en plus des notes ? Si c'est le cas, j'aimerais bien les lire pour m'améliorer ! Ah et puis je ne sais pas si Olivier t'en avait parlé mais les intervenants sont souvent en retard... Ce qui entraîne des périodes de flottement et casse le rythme de la journée ... lui expliquai-je, je m'étais à présent pleinement ressaisie.

– Non, je n'avais pas eu cette info. Je vais voir ça. Je t'envoie les questionnaires. Je suis sûre que tu vas pouvoir améliorer ces notes, en tout cas c'est clairement ton objectif. Je t'avoue que ça fait un peu tache sur nos KPI.

– Sur vos quoi ?

– Sur nos KPI, nos indicateurs de suivi de notre performance.

– Ah, d'accord, je vais tout faire pour que les KPI soient meilleurs alors, dis-je d'un ton légèrement sarcastique, malgré moi.

– J'espère ! Allez bye ! » et elle raccrocha.

Quelques minutes plus tard, une notification m'annonça que j'avais reçu un nouveau mail. Cet événement était tellement rare que contrairement à d'autres, j'aimais recevoir des messages, et éprouvais un sentiment de satisfaction quand je voyais que ma boîte de réception n'était pas vide. Pour avoir toujours plus de mails, je m'étais abonnée à toutes les newsletters : comité d'entreprise, newsletter financière, informations du service communication ... Cela me faisait un peu de lecture et me permettait d'être au courant des dernières nouveautés.

Clarisse m'avait envoyé cinq rapports des journées d'intégration et elle avait bien précisé que ceux-ci étaient confidentiels et qu'ils n'avaient pas été diffusés aux intervenants. Chaque participant devait répondre à dix questions : sept portaient sur les différentes interventions (risques opérationnels, transformation digitale…). Il y avait ensuite une question sur les aspects pratiques : les participants disposaient-ils des bonnes informations en amont de la journée (horaires, lieux) ? Puis une sur la qualité du petit déjeuner et du goûter qui étaient servis. Et en dernier lieu, les nouveaux arrivants étaient interrogés sur la qualité de l'animation entre les interventions. Autrement dit, ils devaient noter ma prestation. J'étais assez surprise de ce dispositif. Mais mon étonnement avait été encore plus grand en apprenant que les principaux intéressés c'est-à-dire les directeurs et moi-même n'étions pas au courant de l'existence de ces questionnaires et n'y avions normalement pas accès. Ce qui était aussi frappant, c'était qu'on demandait de noter mais on ne laissait pas la possibilité de s'exprimer : il n'y avait pas de place pour laisser un commentaire ou faire des propositions d'amélioration.

Si les systèmes de notation avaient largement envahi notre quotidien – rares sont ceux qui vont déjeuner dans un restaurant ou séjourner dans un hôtel sans avoir consulté sa note, je ne savais pas qu'ils étaient également présents au sein même d'une entreprise. A la Banque Rignault, les salariés devaient noter des collègues qu'ils ne connaissaient absolument pas, uniquement sur une prestation de quelques heures. Et s'ils ne le voulaient pas, ils étaient aussitôt harcelés de mails de relance.

Ce serait donc ça une entreprise moderne ? Une entité où les salariés étaient en compétition permanente. Laisser la possibilité aux participants de donner un avis sur leur journée d'intégration était en soi une bonne idée. Mais cela ne pouvait-il pas se faire en face-à-face à la fin de la journée ? Ou à la rigueur par écrit quelques jours après mais sous forme de commentaires constructifs ? Devait-on résumer la prestation d'une personne par une note froide dépourvue d'explications ? Je trouvais cela presque humiliant. Je pensais à ces directeurs qui ne se doutaient pas que derrière leur dos, ils étaient évalués et que tout cela était conservé bien précieusement par Olivier.

Lui et son équipe avaient bien conscience depuis le début qu'il fallait que quelqu'un soit là toute la journée pour pallier les éventuels retards des intervenants. C'était mon rôle. Mais j'avais de plus en plus l'impression qu'ils n'avaient jamais eu l'intention de me faire participer au projet, je n'avais pas été associée à la construction de ces journées. Je n'avais également pas mon mot à dire sur comment elles pourraient être améliorées. La preuve, Olivier ne m'avait toujours pas rappelée pour avoir mon avis comme il me l'avait promis. Je me sentais déshumanisée. Je n'étais qu'un pion qu'on actionnait dès qu'on en avait besoin, mais auquel on ne cherchait pas à donner de la valeur. Déçue d'être sur le point de subir un second échec, je me désengageai malgré moi de ces journées d'intégration. Lassée d'entendre tous les quinze jours les mêmes présentations qui, pour certaines, étaient rigoureusement identiques, les mêmes expressions, les mêmes jeux de mots employés par les animateurs, je décidai tout simplement de ne plus y assister. J'attendais patiemment dans le hall d'accueil sur un fauteuil confortable. Tranquillement ainsi installée, je lisais un livre ou révisais mes cours de droit. Dès que l'intervenant avait terminé et quittait la salle, j'y faisais à nouveau mon entrée pour meubler le temps. Je blablatais, demandais aux participants s'ils avaient appris de nouvelles choses, ce qui leur avait plu dans l'exposé auquel ils venaient d'assister. J'avais en ligne de mire la remontée des KPI, le taux de satisfaction qui devait dépasser les 90%. La phrase de Clarisse « je ne veux plus voir ces vilains rouges » tournait en boucle dans ma tête.

Julien était souvent au comptoir quand je patientais sagement dans le salon d'accueil. Lui aussi n'était pas particulièrement occupé. Les salles dont il avait la garde étaient bizarrement rarement louées. Il était souvent uniquement là pour nous. Julien accueillait et orientait les nouveaux arrivants le matin, servait le petit déjeuner et le goûter et le soir, il rangeait et remettait la salle en ordre. Il nous arrivait de discuter, ça nous faisait passer le temps à tous les deux. Julien était plutôt le genre de personne qui se confiait rapidement et il n'hésitait pas à étaler une partie de sa vie personnelle, voire intime à une personne qu'il venait de rencontrer. Moi, ça ne me dérangeait pas, j'aimais sa sincérité. Son esprit terre à terre me plaisait. Lorsque j'étais à La Défense, j'avais l'impression que tous les échanges que j'avais n'étaient que paraître, faux semblants ou machinations. Parler avec une personne simple, sans arrière-pensée, me faisait du bien. J'appris qu'il était originaire de Thiais, petite ville du Val-de-Marne. Ses parents avaient divorcé quand il avait à peine dix ans. Il avait décidé de vivre avec sa mère et son petit frère et ils avaient emménagé dans une cité HLM. Il n'avait, depuis, que très peu de rapports avec son père, qui était, selon lui, un véritable coureur de jupons. Julien avait fait sa scolarité dans un collège et un lycée jugés difficiles classés en Zone d'Education Prioritaire. Il avait obtenu un Bac ES grâce à sa mère qui l'avait forcé tous les soirs à réviser ses cours plutôt que d'aller traîner dehors dans la cité. Il était fier d'y être parvenu. Mais ses études s'étaient arrêtées là, sa mère avait commencé à fréquenter un homme manipulateur et elle était partie vivre chez lui, près de Cambrai. Elle avait laissé ses deux enfants seuls. Julien, alors à peine majeur, avait dû s'occuper de son petit frère. Il avait enchaîné toutes sortes de petits boulots : tour à tour livreur, déménageur, agent d'accueil, assistant administratif et même figurant dans des publicités et des téléfilms. Car Julien était passionné de cinéma, en particulier du cinéma muet et des films de Charlie Chaplin. Quand il en parlait, ses yeux pétillaient encore plus que d'habitude. Ses confidences me poussaient à me livrer moi aussi. Je lui racontai ma vie, avec pudeur. Quand je parlais, je me rendais compte à quel point tout avait été facile pour moi. Une famille unie et des parents aimants, des études intéressantes. J'avais presque honte de mon parcours sans obstacle. Je ne voulais pas que Julien me voie comme la fille modèle à qui tout réussissait. Alors, je commençai à lui raconter comment ça se passait ici, à la banque. Pour la première fois, j'en parlai à quelqu'un. Je ne savais pas pourquoi, c'était tombé sur Julien. Je ne cherchais pas à ce qu'on me plaigne ou à ce qu'on ait pitié de moi, non, loin de là. Le fait de le formuler, de mettre des mots sur ce que je ressentais avait sur moi un effet cathartique.

Ma situation avait dû toucher Julien puisque les fois suivantes, il eut toujours une attention spéciale pour moi. Il réussissait parfois à chaparder des mignardises destinées aux réunions du comité exécutif, qu'il m'offrait ensuite emballées dans des serviettes. Ou bien il conservait les mots croisés du journal du métro et nous les faisions tous les deux assis derrière le comptoir.

J'en étais presque venue à attendre avec impatience ces journées d'intégration ! Ce dont je me languissais, c'était de discuter et de partager du temps avec Julien, ce n'était pas de jouer à l'animatrice potiche.

Et puis un jour, ce qui devait arriver arriva.

Avril

J'étais à La Défense, dans la salle en train de ranger mes affaires après une journée épuisante.

Tout d'abord, je n'avais pas entendu mon réveil, et m'étais levée en retard. J'avais ensuite couru jusqu'à la gare de métro et évidemment le trafic sur le RER A était ralenti. Après avoir réussi non sans difficulté à me glisser à bord d'un train déjà bondé, où des centaines de personnes collées les unes aux autres semblaient jouer à un Tetris géant pour tenir dans un wagon, je réalisai que j'aurais vingt bonnes minutes de retard. La tête coincée sous l'aisselle d'un passager dont la taille frôlait les deux mètres, je réussis non sans difficulté à sortir mon téléphone portable de mon sac à main et à composer le numéro d'Olivier. Pour une fois, il décrocha dès la première sonnerie.

« Olivier, je suis désolée, je suis coincée dans le RER, je vais être en retard. Est-ce que tu peux être présent pour le petit déjeuner avec les nouveaux arrivants ? lui demandai-je.

– Salut Romy, je t'entends pas très bien, ça va ? Ah zut, désolé moi aussi j'ai galéré à venir ce matin, je suis dans la queue de la cafet', j'attends mon café. Ecoute, je suis overbooké aujourd'hui, sorry » et il raccrocha.

Super. Comment pouvait-on être aussi peu empathique ? Je faillis faire demi-tour et rentrer chez moi. Après tout, si Olivier était aussi nonchalant, pourquoi ne pouvais-je pas moi aussi renoncer ? Pourquoi continuer à avoir une conscience professionnelle, alors même que je ne me sentais pas du tout valorisée par ce travail ?

Si Olivier n'était pas disponible, vers qui pourrais-je me tourner ? Clarisse ? Non, je n'avais pas envie de lui demander un service et de me sentir ensuite redevable. Et puis je pensai à Julien, mais oui, pourquoi n'y avais-je pas songé plus tôt ? Je l'appelai aussitôt, lui expliquai la situation, il accepta de me remplacer pour le début de la session. Ouf ! Mais ce répit ne fut que de courte durée. J'arrivai dans la salle de formation à bout de souffle, le visage luisant, après ce parcours du combattant qui avait commencé dans le RER et s'était terminé par un sprint entre la gare et la tour de la banque. Je déballai mes affaires et deuxième obstacle, je ne parvins pas à connecter la clé USB pour permettre la projection des diapositives qui servaient de support aux différentes présentations. Et bien sûr, pour couronner le tout, l'intervenant, particulièrement excédé par la situation, ne pouvait absolument pas démarrer si le document n'était pas projeté. Au bout de 10 minutes à tenter différentes manipulations, miracle – l'écran s'alluma.

Le reste de la journée se déroula sans incident. Il n'en restait pas moins qu'à 18 h, en rangeant mes affaires, seule, je me sentais vidée de toute mon énergie. Il fallait dire que la grisaille parisienne et la vue sur le cimetière n'avaient rien de dynamisant. Assise sur la table, les yeux dans le vide, j'étais en proie à un questionnement existentiel intérieur quand Julien poussa la porte de la salle. Il venait débarrasser le goûter qui avait été servi plus tôt et faire un peu de rangement. Quand il me vit effondrée, il s'avança doucement vers moi et me prit dans ses bras sans rien dire. Cette chaleur humaine dans cet endroit glacial était saisissante.

Au début, je ne savais pas comment réagir, je restais là, les bras ballants, le corps crispé, gênée par ce contact physique inattendu. Puis petit à petit, je m'habituai à cette proximité et finis par me sentir apaisée. Ce corps autour de moi me réconfortait et, tout doucement, j'enroulai mes bras autour de Julien et le serrai fortement. Puis nous relâchâmes notre étreinte. En relevant la tête du creux de son cou, mon regard croisa le sien. Nous n'étions qu'à quelques centimètres l'un de l'autre. Je pouvais sentir son souffle caresser gentiment mon visage. Dans ce cocon, mon désarroi initial avait laissé place à une étonnante sensation de bien-être. Délicatement, nos lèvres se touchèrent pour quelques instants qui paraissaient suspendus dans le temps. Mais des bruits dans le couloir nous ramenèrent brusquement à la réalité. Un peu surpris par ce qui venait de se passer, Julien relâcha son étreinte et nous quittâmes la pièce en nous saluant, le sourire aux lèvres. Avant de prendre l'ascenseur, je tournai ma tête dans sa direction et lui lançai un « Merci » comme un cri du cœur.

En sortant du bâtiment, je me maudissais déjà – pourquoi n'avais-je pas simplement dit « à bientôt », « bonne soirée » ou même un « au revoir » distant qui aurait été préférable. Je commençais déjà à redouter le moment où j'allais revoir Julien. Il était clair que ce baiser ne signifiait rien, mais j'avais peur qu'il instaure une gêne dans notre amitié naissante. Je préférais pour l'instant ne pas y penser, je rentrai chez moi légère et comblée.

Les jours suivants, à Colombes, avec l'arrivée des beaux jours, nous étions tous de bonne humeur. C'était comme si la chaleur, les oiseaux et les bourgeons des fleurs qui poussaient le long de la voie ferrée avaient balayé la morosité de l'open space. Les rayons du soleil qui rentraient par les fenêtres et qui inondaient la verrière de la cantine rendaient notre lieu de travail presque agréable. Mes collègues du déjeuner décidèrent qu'il était désormais temps de relancer la saison des afterworks qui avait été interrompue en automne et en hiver. D'un commun accord, nous décidâmes d'aller tous les mercredis à la sortie du travail prendre un verre au Café Majard à Châtelet, que Benjamin nous avait chaudement recommandé. C'était un pub irlandais traditionnel avec un plancher sombre, un mobilier peu raffiné fait de planches de bois assemblées les unes aux autres. L'endroit était le lieu de rencontre d'un melting pot transgénérationnel. En effet, il était fréquenté par des étudiants qui appréciaient tout particulièrement les tarifs abordables mais également par des quinquagénaires qui venaient pour écouter les groupes de musique live qui animaient les débuts de soirée en enchaînant les tubes de Queen, Abba ou des Rolling Stones. Le lieu était central et convenait aussi bien à Louis qui habitait à Marne La Vallée qu'à Elias qui lui, vivait à Cergy. Nous quittions alors tous ensemble notre immeuble gris de Colombes à 16 h 45, prenions les transports (tram et RER) et arrivions au bar à l'ouverture. En tant que premiers clients, nous avions le luxe de pouvoir choisir une table suffisamment grande pour nous accueillir tous les six. Dans quelques heures, l'endroit serait bondé et on ferait la queue à l'extérieur pour pouvoir y entrer. Nous pouvions également profiter de toute la période d'Happy Hour et des prix bradés qui étaient alors pratiqués. Nous enchaînions les pintes de bière, les assiettes de nachos parsemés de fromage fondu de qualité douteuse, les quesadillas au poulet presque brûlées et les shots qui se vendaient au mètre.

Benjamin prévoyait également pour l'occasion un peu d'herbe ou de « weed » comme il disait pour agrémenter la soirée. Après quelques verres, il nous disait, en bon quinquagénaire, le sourire aux lèvres « Alors les jeunes, prêts à planer ? », assorti d'un clin d'œil complice. C'était le signal. Nous acquiescions tous, sauf Louis qui était bien trop sage pour pouvoir se livrer à une quelconque activité illicite. D'un autre côté, cela nous arrangeait bien, puisqu'il pouvait ainsi garder notre table et nos affaires pendant que nous quittions le bar pour aller dehors. Nous prenions alors une ruelle sans issue qui longeait le pub et nous nous mettions en cercle derrière la sortie des cuisines. Benjamin sortait l'herbe de sa poche et commençait à rouler un premier joint. Nous nous postions tous autour de lui, scrutant ses moindres gestes. Nous étions en quelque sorte fascinés par ses doigts fermes et qui semblaient gauches mais qui soudain s'animaient et enchaînaient avec agilité des mouvements fluides, presque gracieux. Notre émerveillement pour les gestes précis de Benjamin était largement amplifié par les effets de l'alcool qui commençaient à se faire sentir. Une fois le précieux sésame roulé, Benjamin l'allumait, tirait quelques bouffées puis le passait à son voisin et ainsi de suite. Ce faisant, nous prenions toujours soin de regarder par-dessus notre épaule pour voir si personne ne nous épiait. Nous étions comme des enfants, qui, en train de faire une bêtise craignaient d'être découverts. Nous sursautions au moindre bruit suspect. Un mercredi soir, alors que le temps était particulièrement venteux et que Benjamin tentait tant bien que mal d'allumer notre calumet, nous avions vu passer dans la rue perpendiculaire une patrouille de police. Benjamin avait aussitôt paniqué, et, dans un élan impulsif, il avait jeté le joint, le plus loin possible. Mais fausse alerte : la brigade ne faisait que passer. Et nous nous étions retrouvés tous les cinq à quatre pattes en train de le chercher dans la ruelle sombre, sans succès.

Après ces pauses, nous rejoignions Louis et ensemble, nous nous avancions vers la piste de danse et commencions à nous déhancher au rythme de la musique. On ne pouvait pas qualifier mes collègues de bons danseurs. Peu importe le style de musique, que ce soit du rap, de la musique latino ou de l'électro, ils effectuaient les mêmes pas de danse, les mêmes mouvements. Ils se contentaient, en effet, de sauter ou de bouger leur hanche à peu près en rythme en agitant leurs bras dans les airs. J'étais moi-même une piètre danseuse. Mais nos complexes étaient totalement oubliés lorsque nous nous apercevions du niveau, que l'on jugeait bien inférieur au nôtre, d'un autre membre de notre petit groupe. Ces réactions en chaîne nous emportaient vers une danse primitive, instinctive, qui se déroulait sous les regards intrigués des autres clients du bar. Qu'importe ! Ces mouvements fougueux nous permettaient de lâcher prise. Les soucis, l'ambiance froide de l'open space, les remontrances de Vanessa Raynaud, l'ennui profond et forcé, tout cela était expulsé dans nos pas de danse endiablés. Enivrés par l'alcool, nous étions juste heureux. Heureux de nous être rencontrés grâce aux hasards incompréhensibles du destin. Heureux de partager ce bout de vie ensemble. Ces moments soudaient notre petit groupe. Nous poursuivions la fête jusque tard dans la nuit dans des états plus ou moins sobres. A chaque fin de soirée, au moins l'un d'entre nous avait trop abusé de la boisson. Benjamin s'était déjà retrouvé à régurgiter les nachos et les litres de bière précédemment absorbés assis par terre à côté du bar, une autre fois c'était Sophie qui avait dégobillé dans un taxi. Soraya, elle, ne tenait souvent plus debout, elle titubait tellement que Louis était obligé de la ramener chez elle en la portant à bout de bras. Moi, après une certaine quantité d'alcool, je sentais mes paupières devenir de plus en plus lourdes et avais tendance à être inexorablement plongée dans un sommeil profond. Peu importe ce qu'il se passait autour de moi, je restais assise sur ma chaise, la tête posée sur mes bras croisés posés sur la table. Louis, qui avait une très bonne descente, était le seul à rester maître de lui-même et il avait la dure tâche de veiller sur nous. Ce qu'il faisait à merveille.

Le lendemain, nous regrettions bien sûr amèrement les excès de la veille. Pour essayer de grappiller quelques minutes de sommeil supplémentaires, nous nous accordions la liberté d'arriver au bureau encore plus tard que d'habitude. Nos traits étaient tirés, de nos cheveux se dégageait une odeur de tabac froid qui embaumait également l'open space. La gorge sèche, nous faisions des allers-retours réguliers à la fontaine à eau toute la journée. Le midi, nous nous rendions ensuite au fastfood situé à proximité des bureaux, dans une station-service. L'envie d'un repas gras était si forte que nous faisions abstraction de l'endroit glauque dans lequel nous nous trouvions. Nous ne faisions pas attention aux tables poisseuses, au sol parsemé de feuilles de salade et de frites écrasées, ni aux ongles noirs du personnel. L'après-midi qui suivait ce repas gargantuesque, nous luttions désespérément contre le sommeil. Malgré nous, nos paupières s'alourdissaient et nous bataillions contre un ennemi invisible pour ne pas piquer du nez.

Épuisé, un après-midi, Elias s'était assoupi dans l'open space. Nos bureaux n'étant pas à proximité immédiate du sien, aucun d'entre nous ne l'avait remarqué. Il gisait sur sa chaise, le corps entièrement décontracté, la tête baissée, penchant légèrement vers la droite. Ses yeux étaient mi-clos et sa bouche entrouverte. Malheureusement, la première personne qui le remarqua fut Vanessa. Elle vociféra, encore plus fort que d'habitude, faisant une fois de plus sursauter tout le monde « Ahhhhhhhhh, Elias a fait un malaise !!! » Au son de son hurlement, Elias se réveilla brusquement et surpris ou encore dans un état semi-conscient, il hurla lui aussi. La scène était cocasse : Vanessa et Elias, criant l'un en face de l'autre. Quand Vanessa se rendit compte qu'Elias s'était simplement assoupi, elle rentra dans une colère noire : « Mais Elias, ça va pas non ? Alors maintenant tu dors tranquillement sur ta chaise ? On aura tout vu ! C'est inadmissible. Tu sais que tu es à deux doigts de l'entretien disciplinaire, mon coco ! »

Elias ne répondit pas. Il adoptait le comportement pratiqué par tous ceux qui voyaient la foudre de Vanessa s'abattre sur eux : baisser les yeux, fixer son clavier d'ordinateur, ne plus bouger jusqu'à ce que l'orage passe.

Mai

Le mois de mai était celui des primes et des bonus. C'était ce mois-ci qu'était versé, pour ceux qui en bénéficiaient, le pécule tant espéré, qui servait de carotte à un grand nombre de mes collègues. Mais ce mois était aussi celui des pots de départ. En effet, les salariés de la BR attendaient le versement du bonus avant de démissionner et de rejoindre une entreprise où l'herbe était soi-disant plus verte. Démissionner en mars ou en avril était considéré comme relevant de la folie psychiatrique. Pourquoi ne pas attendre deux mois de plus le versement de la prime ? C'était à l'occasion de ces fameux pots de départ que, paradoxalement, nous partagions nos premiers moments de convivialité avec nos autres collègues.

Je me rappelais, lors de ma première semaine au sein de la BR d'avoir été invitée à un pot de départ. Je me souvenais très clairement avoir remarqué sur mon agenda virtuel un événement intitulé sobrement « Départ de Lionel Coupechoux », accompagné d'un texte explicatif : « Pour fêter avec vous mon départ, je vous invite à prendre un verre dans la grande salle du rez-de-chaussée à partir de 17 h. » J'avais, à l'époque, été étonnée par l'emploi de la formule « fêter mon départ ». Mais n'avais pas relevé plus que cela. Aujourd'hui, je comprenais complètement Lionel, et ces trois mots avaient pris tout leur sens. Je ne connaissais absolument pas Lionel Coupechoux et ne savais même pas à quoi il ressemblait physiquement. Mais j'avais été ravie d'être invitée et pensais que c'était dans la culture de l'entreprise de convier toute l'équipe.

La veille du pot de départ, j'avais appelé ma mère et l'avais interrogée sur la marche à suivre – la bizute que j'étais n'avait aucune idée des us et coutumes de la vie sociale du monde du travail. Devais-je acheter un cadeau ? Même si je ne connaissais pas la personne ? Devais-je amener à manger ou à boire ? On ne m'avait pas proposé de participer à une cagnotte ou de signer une carte …

Ma mère m'avait conseillé d'acheter une bouteille de vin, de la garder dans mon sac et de ne l'offrir que si je voyais que les autres convives avaient aussi apporté des présents.

Le jour même – je déjeunais à l'époque toujours à la cantine – j'interrogeai Jean-Pierre pour savoir s'il comptait participer aux réjouissances. Sa réponse avait été très évasive : « Ah oui, le pot de départ de Lionel, c'est vrai que c'est demain son dernier jour. Je vais essayer de passer, mais je ne dois pas rentrer trop tard chez moi. Ma femme a repris ses études cette année et elle a un cours ce soir. Du coup, je dois garder les enfants. »

La seule personne que je connaissais n'allait probablement pas être de la partie. Mais je me devais d'y aller, surtout que j'avais déjà confirmé ma présence. Et puis, ce serait aussi un bon moyen d'apprendre à connaître mes autres collègues ! Je prévoyais d'arriver à 17 h 15, quart d'heure de politesse oblige. Le bâtiment de Colombes disposait d'une unique salle de réception, comme on l'appelait dans le jargon de l'open space. En réalité, il s'agissait plutôt d'une grande pièce banale, avec un plancher noir en parquet flottant et des murs blanc cassé. Elle n'avait absolument rien à voir avec les salons aux moulures dorées qui accueillaient avec faste la journée d'intégration des nouveaux arrivants à La Défense. Cette salle pouvait être réservée par tous les salariés et elle était utilisée pour les conférences qui avaient parfois lieu, pour les formations et bien sûr pour les pots de départ.

A 17 h 13, je me levai de mon bureau, mis mon manteau, vérifiai que la bouteille de vin était bien dans mon sac et pris l'ascenseur. En marchant vers la salle, tout était calme :

aucun éclat de voix, aucun rire. Le bruit de mes chaussures à talons sur le sol résonnait dans tout le couloir. La salle était plongée dans la pénombre – les stores avaient été baissés, empêchant les rayons du soleil d'éclairer l'espace. A l'extrême opposé de la porte, une table était installée sur laquelle trônaient quelques bouteilles de jus de fruits, cannettes de bière et chips. A côté de la table, un monsieur, de petite taille, les cheveux noirs coupés très courts, était occupé à verser les gâteaux apéritifs dans des gobelets en plastique. Il tourna la tête vers moi en esquissant un sourire.

« Bonjour, enchantée, Romy, je suis arrivée il y a quelques jours – merci de m'avoir invitée » bredouillais-je, en essayant de masquer ma surprise. J'imaginais, en effet, arriver dans une pièce déjà presque bondée et retrouver quelques visages familiers en train de discuter un verre à la main.

« Bienvenue alors ! Tu es la première en tout cas ! me répondit Lionel d'un air enjoué. Tu peux poser tes affaires ici, me dit-il en me désignant un porte-manteau. J'accrochai ma veste et posai mon sac sur le sol.

– Qu'est-ce que je te sers ? poursuivit Lionel.

– Euh, je vais prendre un verre de jus d'orange s'il te plaît. »

S'ensuivit un silence embarrassant, j'avais l'impression que le verre que me servait Lionel était sans fond. Le moment était d'autant plus pesant que Lionel raclait constamment sa gorge, impossible de dire si c'était un tic, s'il était stressé ou simplement enrhumé.

« Hm hum, alors tu es arrivée dans quelle équipe ? m'interrogea Lionel.

– Je suis dans le service de Jean-Pierre, je travaille à la création d'outils de pilotage de l'activité liée aux ressources humaines. Et toi, qu'est-ce que tu fais à la banque ?

– Je suis développeur C# sur le projet CC2S.

– Ah d'accord, intéressant… Et tu sais ce que tu vas faire après ton départ ?

– Je vais être développeur C# dans une autre banque.

– Et en quoi ça consiste exactement ton métier ?

– Je code une application back office en utilisant le langage de programmation C# », répondit-il.

Les réponses de Lionel étaient précises, claires, mais ne permettaient pas d'entretenir notre échange. Il était évident que Lionel était très gentil mais peu loquace. Le silence s'installa. On n'entendait plus que les raclements de gorge de plus en plus rapprochés et forts de Lionel. Cela signifiait sûrement qu'il était de plus en plus mal à l'aise. Discrètement, je regardai ma montre. Cela faisait moins de 10 minutes que j'étais arrivée, impossible de partir tout de suite. Je réfléchissais à toute vitesse à un sujet de conversation. Ce fut finalement Lionel qui prit la parole.

« Le jus d'orange te plaît ? me demanda-t-il.

– Oui, oui, il est très bon.

– C'est une marque que j'aime beaucoup, ils arrivent à parfaitement doser la pulpe, tu vois quand il y en a trop c'est désagréable, la pulpe a tendance à se coincer dans mon appareil dentaire. »

Mon regard se posa inconsciemment sur ses dents, je ne voyais rien. Lionel sentit mon mouvement oculaire et me fournit une explication : « Ah non, ce ne sont pas des bagues, c'est un fil qu'on a mis derrière mes dents, tu ne peux pas le voir mais moi je le sens bien… hum hum … et puis quand il n'y a pas du tout de pulpe, pour moi cela signifie que le jus d'orange est industriel … et puis d'ailleurs quand tu regardes l'étiquette des bouteilles où il y a écrit garanti « sans pulpe » tu remarques que le jus n'est pas fait avec des fruits mais avec du concentré d'orange hum hum … »

Son débit de parole s'était brusquement accéléré, ses joues avaient à présent une couleur bien pourpre et son regard était de plus en plus fuyant. Le malaise de Lionel était évident. Je commençai moi aussi à être quelque peu embarrassée. Par pitié, que la porte s'ouvre et que quelqu'un vienne ! Lionel dut se rendre compte que son monologue sur la pulpe et les jus de fruits ne m'avait pas passionnée. Il se confondit alors en excuses.

« Je suis désolé, je suis très stressé ! Je ne voulais pas faire de pot de départ. L'idée de me retrouver dans une salle avec plus de cinq personnes et de savoir que je vais être au centre de l'attention me terrorise. Dans ce genre de situation, j'ai juste envie de courir m'enfermer aux toilettes et d'y rester jusqu'à ce que tout le monde soit parti ! Mais ma femme aimerait que je me sociabilise plus, c'est elle qui m'a encouragé à organiser cet événement. D'ailleurs, elle va venir vers 19 h en sortant de son travail. Comment je vais faire s'il n'y a personne d'autre qui vient ? Elle va vraiment penser que je suis un looser et puis c'est vrai, je suis un looser. Qui voudrait d'un type qui, quand il invite 50 personnes à sa fête, n'est pas capable d'en faire venir plus d'une ? Ça va tellement la décevoir … » se lamenta Lionel, avec une diction toujours plus rapide.

Je ne savais pas quoi dire. Peut-être étais-je en plein cauchemar ? Je n'avais aucune envie de me retrouver au milieu d'une querelle de couple. Je tentai de rassurer Lionel :

« Ne t'inquiète pas, les autres vont arriver, ils avaient peut-être des mails à envoyer ou une urgence à traiter En plus, Jean-Pierre m'avait dit qu'il allait essayer de passer…

– Oui, tu as raison, il n'est que 17 h 30, on va attendre un peu », me dit-il quelque peu rassuré.

Pour m'occuper, j'allai chercher des chaises et les disposai à côté de la table, puis je m'assis sur l'une d'entre elles et Lionel se posa à côté de moi. Alors que je réfléchissais à comment me sortir de ce bourbier, le téléphone de Lionel sonna. Il décrocha aussitôt :

« Allô ma chérie, oui tout se passe bien. J'ai pu passer faire les courses ce matin, le supermarché était déjà ouvert … non je n'ai pas pris de saucisson … des cacahuètes, des noix de cajou et des chips, je sais que ce n'est pas beaucoup mais c'est juste un apéritif. Oui, il y a déjà quelques personnes … (en prononçant ce mensonge, son visage prit une teinte de rouge supplémentaire et était à présent complètement cramoisi) ... D'accord ma chérie, appelle-moi quand tu es devant le bâtiment, je sortirai te chercher … non tu ne peux pas, il faut un badge pour pouvoir rentrer… d'accord, à tout à l'heure ma chérie, moi aussi je t'aime. » puis il raccrocha.

Il se tourna ensuite vers moi et me dit : « Excuse-moi, c'était Véronique, ma femme, elle va arriver comme prévu à 19 h, mais comment je vais faire, comment je vais faire, mon Dieu, mon Dieu … »

Lionel commença à faire les 100 pas dans la pièce en prenant sa tête dans ses mains.

« Ecoute, viens t'asseoir, on va ouvrir une bouteille de vin, tu verras ça va te détendre. Ne t'inquiète pas, toi tu as fait tout ce qu'il fallait, ce sont les autres qui ne sont pas venus, ce n'est pas ta faute » lui dis-je dans l'espoir de l'apaiser. Je décidai d'engager à nouveau la conversation en changeant de sujet pour éviter d'entendre à nouveau ses gémissements.

« Vous avez des enfants ? lui demandais-je.

– Oui … Enfin Véronique, oui. Elle a une fille, Sonia, qui habite chez nous une semaine sur deux. Véronique l'a eue avec son ex-mari.

– Ah, et elle a quel âge Sonia ?

– Elle a 11 ans, elle a fait sa rentrée en 6ème il y a quelques mois, c'est fou comme ça pousse vite à cet âge-là. Ça fait deux ans que je suis avec Véronique. Sonia a déjà bien grandi, avant c'était une petite capricieuse et aujourd'hui c'est une jeune fille, avec qui on peut avoir de vraies conversations.

– C'est pas trop compliqué à gérer la garde alternée ?

– C'est un peu dur, surtout pour Véronique, c'est un déchirement pour elle à chaque fois que Sonia doit rentrer chez son père. Et puis, pour Sonia aussi, c'est pas facile, son père s'est remarié avec une femme qui avait deux ados et aujourd'hui ils ont un enfant de trois ans ensemble. C'est pas simple pour elle de trouver sa place dans cette famille recomposée …

– Je vois … J'avais pas mal de copines qui avaient des parents divorcés quand j'étais au collège et elles se plaignaient souvent d'être toujours entre deux sphères familiales. »

Blanc.

« Hum, hum » les raclements de Lionel reprenaient.

Nous avions à présent bu la moitié de la bouteille et personne ne nous avait rejoints. Je suggérai alors à Lionel d'aller faire un tour dans l'open space pour voir s'il restait du monde. Il pourrait peut-être ameuter quelques invités égarés. Je n'y croyais guère mais je cherchais à gagner du temps : je ne pouvais humainement pas partir tout de suite et laisser mon collègue seul avec ses gâteaux apéritifs et ses canettes de soda. Pendant l'absence de Lionel, j'envoyai un message à Léna, ma copine de toujours, pour lui demander de m'appeler dans 15 minutes et j'ajoutai un petit SOS. Nous avions un code, si l'une d'entre nous devait échapper à une situation peu importe la raison, elle demandait à l'autre de l'appeler et terminait le message par ces 3 lettres explicites « SOS ». Quand l'autre recevait ce message, notre code d'honneur voulait que, peu importe ce qu'on était en train de faire, on vienne au secours de l'amie en détresse.

Comme prévu, Lionel revint bredouille quelques minutes plus tard. Encore essoufflé, il m'expliqua comme s'il dressait un rapport :

« J'ai fait le tour des plateaux au rez-de-chaussée, à l'entresol et au premier étage … Il n'y a personne. J'ai juste croisé Xavier qui m'a demandé ce que je faisais encore là … Je lui ai dit que c'était mon pot de départ … qu'il n'y avait que toi qui étais venue … que j'étais du coup monté pour voir s'il restait des collègues que j'avais invités … Mais qu'il n'y avait personne. J'ai demandé ensuite à Xavier s'il comptait venir, il m'a dit que malheureusement il ne pourrait pas, le mercredi soir il a un cours de claquettes qu'il ne peut manquer. Apparemment il se produit en spectacle dans trois semaines avec sa troupe … »

Xavier Claudel était le patron de Jean-Pierre. Malgré son rôle de « Grand Chef », il avait tendance à jouer régulièrement les drama queen, comme j'avais pu le constater dès janvier. Nos bureaux étaient situés près de la Seine, quand je dis près de la Seine, cela restait relatif, ils n'étaient pas bordés par le fleuve mais devaient se trouver à trois ou quatre kilomètres. L'hiver dernier, la Seine était en crue comme cela arrivait assez fréquemment. Il était vrai que l'augmentation du niveau d'eau faisait régulièrement les titres de l'actualité, d'autant plus qu'il continuait de pleuvoir sans discontinuer. Un vendredi après-midi, Xavier était arrivé en courant dans l'open space et en criant d'une voix suraiguë : « Jean-Pierre ! Où est-ce que tu es ? Il est où Jean-Pierre ? La Seine monte ! La Seine monte ! Il faut évacuer ! Prenez toutes vos affaires et rentrez chez vous ! Vite, les transports en commun vont peut-être fermer ! »

Il ne fallait pas nous le dire deux fois : quelques secondes plus tard, tout le monde avait plié bagage, sans demander son reste. Xavier avait totalement dramatisé la situation, nous étions très loin d'être ensevelis sous les eaux. Mais avant que Jean-Pierre ne réalise l'exagération de Xavier, nous avions déjà tous mis les voiles. Avec les collègues du déjeuner, nous rejouions souvent, hilares, lors de nos afterworks, l'arrivée mélodramatique de Xavier dans les bureaux.

« Bon, j'ai l'impression que personne d'autre ne viendra ... » dis-je à Lionel en soupirant. La verbalisation de cette triste réalité le plongea une fois de plus dans un profond désespoir.

« En tout cas, c'est très gentil de m'avoir invitée, alors qu'on ne s'était jamais rencontré avant ... poursuivis-je.

– De rien ... C'est un plaisir d'avoir fait ta connaissance ! ... Tu sais, c'est un peu la tradition ici, on invite à chaque fois toute l'équipe, on envoie l'invitation à la liste de diffusion qui contient toutes les adresses mail du service », m'expliqua-t-il.

Je comprenais mieux ! On ne m'avait pas convié pour apprendre à me connaître mais parce que mon mail faisait partie d'une liste. On n'avait pas souhaité sincèrement que moi, Romy, la nouvelle je participe au pot de départ mais on perpétuait une tradition professionnelle qui avait été instaurée par on ne sait qui... Perdue dans ces réflexions, je mis quelques secondes avant de réaliser que mon portable vibrait. C'était Léna. Je m'excusais auprès de Lionel, m'éloignai de quelques pas et décrochai le téléphone :

« Salut Léna, tu vas bien ? ... Oui ça va très bien et toi ? ... Écoute ça se passe bien, ça ne fait que quelques jours mais tout le monde est très sympa et j'ai été bien accueillie, et toi, comment ça se passe à la clinique ? »

Léna était étudiante vétérinaire et elle travaillait à mi-temps dans une clinique pour animaux de compagnie. Elle adorait les animaux et en particulier les chevaux depuis qu'elle était toute petite. Léna poursuivait sa scolarité et ses études avec un unique but : devenir un jour vétérinaire. C'était cet objectif-là qui l'aidait à faire ses choix. Ce rêve était sa source de motivation : elle avait travaillé sans relâche pour avoir de bonnes notes et obtenir un bac scientifique qui lui avait ensuite permis de suivre une classe préparatoire et finalement d'intégrer la prestigieuse Ecole Nationale Vétérinaire de Maisons-Alfort. Même si cela n'avait pas été un long fleuve tranquille, j'enviais Léna. Elle avait toujours su quelle profession elle souhaitait exercer. Depuis toute petite, elle avait un intérêt pour les animaux et elle allait faire de cette passion son métier. Moi, je n'avais jamais porté une attention particulière à un domaine plutôt qu'un autre, étant plus jeune. A part bien sûr l'athlétisme. Mais il n'avait jamais été question que je devienne professionnelle. Au collège, j'avais de bonnes notes et j'avais intégré la section scientifique en première et terminale. Car quand on le peut, on reste avec les meilleurs élèves et « les meilleurs élèves vont en S » comme aimaient me répéter mes parents à longueur de journée. J'avais fini par le croire et étais fière de rejoindre les matheux et les physiciens. Quand il avait fallu choisir notre orientation post-bac, cela avait été une longue traversée du désert pour moi. Je passais en revue les prospectus des écoles de biologie, de commerce, d'ingénieurs, etc. Je trouvais dans chacun de ces dépliants quelque chose qui me plaisait. Ce qui bien sûr ne m'aidait pas à faire un choix. Et justement je n'avais pas envie de choisir, je me sentais trop jeune pour cela, comment pouvait-on demander à un enfant de 18 ans de prendre une décision qui déterminera le reste de sa vie ? Alors qu'il n'avait pas encore vécu, qu'il n'avait encore rien vu du monde qui l'entourait.

J'écoutais Léna me raconter comment elle avait réalisé une prise de sang à un serpent en le piquant directement dans le cœur et combien ce geste technique était difficile. Et je me rendis soudain compte que Lionel me faisait de grands signes. Je pris congé de Léna et revins m'asseoir à côté de mon collègue. Après un léger soupir comme s'il prenait son courage à deux mains, il m'expliqua :

« Romy, je pense que Véronique ne va pas tarder à arriver. J'ai bien réfléchi et je vais être honnête avec elle, je vais tout lui expliquer, lui dire que personne n'est venu… Du coup, c'est peut-être mieux si tu n'es pas là… »

Effectivement cela valait mieux ! J'avais eu ma dose de situation embarrassante pour la journée. Je récupérai mes affaires et pris congé. Ce n'était que dans le tram que je remarquai que j'avais toujours la bouteille de vin conseillée par ma mère dans mon sac. Tant pis.

Le surlendemain, nous avions tous reçu un mail de la part de Jean-Pierre. Il nous indiquait qu'étant donné qu'une seule et unique personne avait pu se rendre au pot de départ de Lionel, il allait en organiser un nouveau la semaine d'après. Notre présence à cet événement était plus que souhaitée. Xavier Pradel avait dû toucher quelques mots à Jean-Pierre. Quant à moi, ma décision était prise : je ne serai pas de la partie. Je n'avais pas envie de me retrouver à un événement où les participants avaient été fortement incités à venir. Ces méthodes coercitives ne laissaient rien présager de bon quant à l'ambiance qui y régnerait …

Nous étions devenus totalement imperméables à ces départs qui étaient subis par l'entreprise. Jamais personne n'avait montré la moindre émotion ou le moindre sentiment de regret lorsque l'on voyait un collègue replier ses affaires. Le jour du départ, le démissionnaire descendait au rez-de chaussée où se trouvait le responsable des services généraux chez qui il allait récupérer un carton. Il passait ensuite l'après-midi à détruire à la déchiqueteuse ses cahiers, page par page, ainsi que ses dossiers papier. C'était la procédure : aucun transfert de document papier ne pouvait avoir lieu entre collègues, tout devait être dématérialisé. Le carton servait à ranger les affaires personnelles du capitulard : sa tasse à café, les photos de ses enfants ou de sa famille …

A 16 h 30, un représentant du service de sécurité de la banque arrivait dans l'open space. C’était comme à chaque fois un homme grand en costume cravate, bien conscient du pouvoir que lui conférait sa position. Il était là pour fermer la session informatique, récupérer le badge d’accès et vérifier les affaires qui avaient été mises dans le carton. Hors de question de laisser un ancien salarié emporter avec lui une trace de son passage dans la banque. La règle était claire : tout ce qui était produit par le salarié appartenait à l’entreprise. Le démissionnaire faisait ensuite le tour de l'open space et échangeait une poignée de main et quelques formules de politesse avec ses anciens collègues. Puis, il était raccompagné jusqu’à la sortie par le service de sécurité. Tous les départs se ressemblaient. Que ce soit celui de Pierre, Dominique, Yacine, Nicolas, ou de Rabia : ils étaient similaires en tous points. Sauf celui de Nadine. Celui-là, il était sorti du lot.

Nadine, maman de trois enfants, était revenue de congé maladie quelques semaines après mon arrivée. J’appris plus tard par mes collègues du déjeuner qui écoutaient fréquemment radio moquette, qu’elle avait fait une dépression nerveuse. Celle-ci était directement liée au travail et plus particulièrement à l’emplacement des bureaux à proximité de la voie ferrée et du pont de Charlebourg. En effet, Nadine avait assisté un matin de janvier, alors qu’elle regardait par hasard par la fenêtre, au suicide d’un jeune homme. Celui-ci s’était jeté du pont quelques secondes avant le passage d’un train. Et Nadine n’avait pas perdu une seconde de ce spectacle morbide. Au moment de l’impact, elle avait poussé un cri, impuissante. Elle avait été témoin des derniers instants de cet homme, qui dans un état de détresse extrême, n’avait vu qu’une seule échappatoire possible, la mort. En état de choc, Nadine n'avait pas voulu bouger. Elle était restée toute la journée le nez collé à la fenêtre, les yeux fixés sur la voie ferrée. Comme si elle ne voulait pas abandonner cette âme en perdition. Comme si elle se sentait coupable de l'accident. Malgré les remarques désapprobatrices de ses collègues, Nadine avait insisté pour regarder les officiers en blouse blanche de la police scientifique récupérer la dépouille éparpillée de la victime. A 17 h, elle était toujours debout devant la fenêtre. Toute trace de l'accident avait à présent été effacée et la circulation des trains avait repris normalement, comme si rien de tout cela n'était arrivé, comme si une vie ne s'était pas éteinte prématurément quelques heures auparavant. Mais Nadine n'en avait que faire, elle continuait à regarder fixement les rails, sans dire un mot, sans répondre à aucune question. Elle n'avait même pas déjeuné à midi, ne s'était pas rendue une seule fois aux toilettes. Alors, les collègues avaient appelé l'infirmière qui avait immédiatement prévenu les pompiers et ils étaient venus la chercher.

Nadine avait été hospitalisée deux mois dans un service de psychiatrie à cause du choc post-traumatique, disait-on. S'en était suivie une convalescence de plusieurs mois qu'elle avait passée chez elle. Et puis, elle avait souhaité revenir travailler, elle avait envie de retrouver sa vie d'avant pour oublier l'horreur à laquelle elle avait assisté. Bien sûr, on avait déménagé son bureau pour lui éviter d'avoir les yeux sur la fenêtre d'où elle avait assisté quelques mois auparavant à cet événement macabre. Nadine était désormais en face de Clément et avait vue sur l'ascenseur et sur le couloir qui menait à l'open space. Mais malgré cela, son retour était probablement prématuré. Nous ne tardâmes pas à nous apercevoir que son état psychologique était encore instable, elle n'allait pas bien.

Elle arrivait le matin, encore plus tard que nous, c'est dire ! Plutôt que de se faire discrète et de rejoindre son bureau en catimini, elle prenait le temps de saluer et de faire la bise à tout le plateau. Cela aurait pu être perçu comme une envie d'apporter un peu de chaleur humaine dans ce lieu sans vie. Mais Nadine était constamment dans un état de jubilation et d'euphorie anormal. Elle parlait à longueur de journée avec une voix surexcitée. Elle racontait sa vie : le quotidien de ses enfants, les difficultés de son mari à trouver un travail, leurs projets de vacances, les travaux de réparation qu'ils effectuaient le week-end dans leur pavillon de Villeneuve-La Garenne. Et de surcroît, elle commentait à voix haute tout ce qu'elle faisait : je vais ouvrir mes mails, je vais corriger cette ligne de code, je vais lui répondre que cette tâche sera terminée dans trois jours … Dans l'open space d'habitude si calme, résonnait maintenant un monologue permanent, une litanie sans fin que personne n'osait interrompre. Mais cela ne pouvait plus durer : notre degré de concentration en pâtissait. Même moi j'avais des difficultés à me focaliser sur mes cours de droit. Mon esprit s'égarait et ne pouvait s'empêcher d'écouter ce que disait Nadine. Vanessa était de plus en plus excédée par les étourderies plus fréquentes d'Hadib, de Clément ou encore de Vincent. Jean-Pierre, d'un naturel si calme, était sur les nerfs et se montrait plus impatient. Il mettait moins les formes pour répondre à Xavier quand celui-ci lui imposait des délais impossibles à tenir.

Un mardi matin, n'en pouvant plus, nous vîmes une délégation composée de Jean-Pierre, de Vanessa et de Xavier arriver au bureau de Nadine pour l'inviter à les rejoindre dans la salle de réunion attenante à l'open space. Leur conversation dura près d'une heure et demie. Quand la porte s'ouvrit, Nadine marcha d'un pas précipité vers l'ascenseur et revint quelques minutes plus tard avec un carton… Nous savions tous ce que cela signifiait. Nadine était au départ très calme quand elle commença à ranger ses effets personnels. Puis en ouvrant un tiroir, elle vit tous ses dossiers papier qui représentaient le travail qu'elle avait effectué depuis tant d'années. Elle repensait alors sûrement à toute la dévotion qu'elle avait donnée à cette entreprise, tous les sacrifices qu'elle avait faits au détriment de sa vie de famille. Elle saisit alors le premier dossier et, plutôt que de l'amener à la déchiqueteuse, elle prit les feuilles par paquet et commença à les jeter en l'air dans l'open space en rigolant. Elle continua ainsi jusqu'à ce que les tiroirs de son bureau soient entièrement vidés. Des feuilles blanches parsemaient à présent le plancher de l'open space. Debout sur le bureau, elle attrapait un à un les cahiers et déchirait les feuilles pour les faire virevolter en l'air au-dessus de sa tête. Tout en continuant à rire à gorge déployée. On se serait cru assister à un rite d'incantation vaudou, comme si elle implorait des forces surnaturelles de lui venir en aide et de la venger. Nous avions bien sûr tous décroché le nez de notre ordinateur et regardions ébahis le spectacle qui se jouait sous nos yeux. Nous étions comme hypnotisés par ces feuilles de papier qui virevoltaient dans les airs, notre regard ne pouvant s'en détacher. C'est à ce moment-là que Monsieur Sécurité arriva, escorté par le vigile du bâtiment. On peut dire qu'il avait le sens du timing. Il somma Nadine de descendre du bureau. En le voyant ainsi arriver, ses éclats de rire s'arrêtèrent instantanément comme si, à sa vue, elle revenait brusquement à la réalité et prenait conscience de ce qu'elle était en train de faire. Elle descendit immédiatement du bureau telle une enfant qui venait d'être rappelée à l'ordre. Ses rires avaient à présent laissé place aux larmes qui coulaient désormais sur ses joues. Entre deux sanglots, elle réussit à prendre son manteau et son sac à main. Pas à pas, elle se dirigea vers l'ascenseur suivie par le vigile qui lui portait son carton.

Ce fut la dernière fois que nous vîmes Nadine. Plus jamais personne ne mentionna son nom ni ne parla de l'incident qui avait précédé son départ, comme si elle n'avait jamais existé. Nous avions tous aidé à rassembler et à apporter à la déchiqueteuse les papiers éparpillés. Et deux jours après, un nouvel arrivant faisait le tour de l'open space avec Jean-Pierre pour se présenter et prendre la place de Nadine. Et c'était reparti. The show must go on.

Juin

Je continuais à faire mes allers-retours à La Défense, à enchaîner les journées d'intégration. La monotonie était la norme. Rien ne venait perturber mon quotidien routinier. Julien était toujours là, nous ne reparlions pas de ce qui s'était passé en avril dernier. Et c'était probablement mieux ainsi. J'aurais même pu croire que notre baiser n'avait été que le fruit de mon imagination. Mais, à chaque fois que Julien apportait le petit-déjeuner dans la salle, nous ne pouvions manquer d'esquisser un sourire complice.

Les notes de satisfaction des nouveaux arrivants s'étaient un peu améliorées mais « on n'était pas encore dans le vert » comme me disait Clarisse par mail chaque semaine. Olivier semblait enfin prendre conscience qu'il fallait repenser entièrement la journée si on voulait améliorer ces résultats.

Il m'appela mi-juin et me demanda si j'étais disponible la semaine d'après pour passer deux jours à La Défense. Il avait prévu de *faire un workshop* sous forme de session de *brainstorming* pour repenser la journée et regarder *out of the box* avec Chloé et Clarisse, ses deux « petites », comme il aimait les appeler. Bien sûr, je répondis par l'affirmative, flattée d'être désormais incluse à leurs échanges. Je pensais pouvoir apporter un regard neuf et remonter directement les remarques que j'avais pu glaner au détour des conversations avec les participants. C'était donc ragaillardie et pleine d'entrain que j'entrai dans la tour Asphalte ce jeudi matin. Nous avions convenu de nous retrouver à 10 h dans une salle de réunion qui avait été réservée par Olivier pour ces deux jours. A 10 h 30, j'étais toujours seule, je m'attendais bien à ce qu'Olivier soit en retard mais je ne savais pas que c'était aussi dans les habitudes de ses deux collègues. A 10 h 42, Clarisse et Chloé poussèrent les portes de la salle.

Elles avaient toutes les deux la trentaine, même si Clarisse paraissait avoir quelques années de moins que Chloé. Stan Smiths aux pieds, ongles manucurés, jean coupé court, elles étaient habillées de la même manière.

« Hello Romy, tu vas bien, *so sorry,* on a été prises sur un sujet, un chantier urgent à traiter, dit Clarisse.

– Enchantée de faire ta connaissance Romy. Moi c'est Chloé. C'est vrai que depuis hier on est *full* », poursuivit sa collègue.

Elles s'installèrent toutes les deux, côte à côte en face de moi. Elles avaient apporté uniquement leur ordinateur portable qu'elles s'empressèrent d'ouvrir à peine assises. Je n'avais qu'un poste fixe qui, bien sûr, était resté à Colombes et, à part griffonner quelques dessins sur mon cahier, je n'avais pas grand-chose à faire en attendant. Parce que, oui, Chloé et Clarisse avaient tenu à *checker leurs mails* avant que l'on commence notre *meeting*. Ce qui prit encore plusieurs longues minutes.

« Ah Olivier vient de m'envoyer un *text*, il sera un peu en retard. Il nous dit de commencer sans lui, dit Clarisse en jetant un coup d'œil à son portable.

– Alors *go*, on y va, répondit Chloé en tapant dans ses mains. Clarisse, tu avais préparé un *deck* ? Tu peux peut-être projeter le *pre-read* que tu nous as envoyé hier ? Tu sais, le PowerPoint ? »

Chloé avait prononcé PowerPoint à l'américaine « Pawwer Point » en accentuant largement l'allitération en P, comme si l'anglais était sa langue maternelle. Alors que je savais pertinemment de ce qu'Olivier avait pu me confier qu'elle était originaire du Périgord.

La présentation de Clarisse comportait deux parties. Elle commençait par faire un état des lieux en revenant sur le programme actuel des journées d'intégration et sur les notes obtenues pour chacune des interventions. Son constat était clair : la journée était trop dense – les nouveaux arrivants abreuvés de nouvelles informations étaient au bord de la saturation, et trop scolaire – les présentations se rapprochaient plus du cours magistral. Il était clair qu'il fallait rendre l'événement plus interactif, pousser à l'échange et ramener un peu d'humanité. Clarisse fit ensuite une proposition pour transformer l'événement : elle suggérait d'organiser à la place une demi-journée où chaque intervenant aurait un stand pour présenter son activité et les nouveaux arrivants pourraient aller de stand en stand pour échanger avec eux. Pourquoi pas… Au moins Clarisse osait émettre une suggestion. Mais Chloé faisait une moue dubitative :

« Mmmh, moi j'aurais eu une approche plus *high level* pour commencer. C'est d'ailleurs comme ça qu'il faut procéder plus généralement quand tu es dans une démarche de *problem solving*. On pourra en reparler lors de notre *weekly touchpoint*. Et puis je pense que ça pourrait être bien que tu *benchmark* ce qui est fait dans d'autres structures… Romy, je pense que ça fait sens si tu nous fais un *débrief* aussi, par rapport à ton *feeling* sur ces journées… Et puis j'aimerais bien avoir l'avis d'Olivier aussi. Bon je lui envoie un Link et je vous propose qu'on l'attende pour la suite. On va pas commencer à *deep-dive* sans lui ! »

A vos ordres, mon capitaine. Elles recommencèrent à pianoter frénétiquement sur leur PC. Je décidai de profiter de ce moment pour structurer et poser sur le papier les idées que j'avais eues pour améliorer cette journée. Olivier arriva environ une demi-heure plus tard, ouvrit précipitamment la porte de la salle de réunion et s'excusa :

« Désolé les filles, je suis comme d'habitude *overbooké*, Franck m'a appelé ce matin, il voulait mon avis sur l'ordre du jour du prochain *steerco* … d'ailleurs, Clarisse et Chloé, pour l'*opco* il ne sera pas *C-level only* cette fois-ci, on va inviter certains *VP* et … super nouvelle ! On va avoir un *slot* pour présenter notre projet d'Onboarding, on pourra glisser quelques mots sur la journée d'intégration … Bref… où en étiez-vous ? »

Olivier s'installa à droite de Clarisse et ouvrit également son ordinateur portable.

« Clarisse nous a présenté sa proposition de remplacer les interventions par des sortes de mmh … stands si j'ai bien compris, commença Chloé d'un air volontairement dédaigneux.

– Mmh… Intéressant ! Presque futuriste. Et toi Romy, tu as des idées ? demanda-t-il sans quitter des yeux son écran.

– Oui, j'y ai un peu réfléchi. Je pense que comme l'a dit Clarisse, il faudrait permettre plus d'interactions entre les participants. On pourrait simplement, par exemple, commencer la journée par faire un tour de table sous forme de jeux … j'ai vu quelques exemples sur Internet…

– Pas mal l'idée de l'*ice-breaker*, lâcha Chloé.

– Je pense aussi que la journée est un peu trop longue, on pourrait peut-être raccourcir ou fusionner certaines présentations » poursuivis-je.

Olivier, Clarisse et Chloé étaient assis en face de moi. Pendant que je parlais, ils continuaient à pianoter sur leur foutue machine, en me jetant des regards de temps en temps par-dessus leur écran. J'avais l'impression de passer devant un jury d'examen, qui ne voulait laisser transparaître aucune émotion.

Je ne me laissais pas déstabiliser et continuais à expliquer :

« La journée peut être assez facilement raccourcie, plusieurs intervenants abordent les mêmes sujets. Mais pour cela il faudrait que l'on arrive à tous les réunir autour de la table pour que d'une part, ils se rencontrent et d'autre part, ils se mettent d'accord sur qui présente quoi. »

Olivier, Chloé et Clarisse s'arrêtèrent instantanément de taper sur leur clavier, le bruit de leurs doigts sur les touches laissait place au silence. A présent, ils me regardaient fixement avec des grands yeux, comme si j'avais prononcé l'indicible.

Olivier commença à monter sur ses grands chevaux :

« Non, non, non ! On ne peut pas solliciter encore les intervenants ! Je ne sais pas si tu te rends compte Romy. Ce n'est pas n'importe qui ! C'est le *top management* du groupe qui anime la journée, ce ne sont pas des *middle managers* de bas étage. C'est déjà un miracle qu'ils aient accepté d'y donner une présentation. Et puis c'est ma réputation qui est en jeu ! Je ne sais pas si vous savez mais c'est moi qui représente la journée au sein du groupe. C'est moi qui l'incarne ! Si quelque chose se passe mal, c'est sur moi que ça va retomber, ce n'est pas sur vous ! Donc je suis désolé Romy mais on ne peut pas leur en demander plus, c'est clair pour moi et ça doit l'être pour vous. Si on revoit cette journée, c'est aussi pour que ça leur prenne moins de temps, ce n'est pas pour leur donner du travail supplémentaire.

– Je suis d'accord, je suis alignée avec Olivier, il faut qu'on ait une approche pragmatique. Du coup, Clarisse, je suis désolée ma belle mais ton idée de … kermesse d'intégration ... ça ne va pas être possible non plus » surenchérit Chloé, en relevant les sourcils, exaspérée.

Je ne voyais plus très bien à présent comment est-ce que l'on pouvait améliorer la journée d'intégration sans mobiliser les intervenants, ne serait-ce que pour éviter les redites entre les présentations.

« Bon Clarisse, Chloé, je dois filer, je ne peux pas passer toute la journée avec vous, je vous laisse y réfléchir et me proposer une solution digne de ce nom avant demain soir ! Romy on se voit plus tard », nous dit Olivier d'un ton particulièrement autoritaire, avant de claquer la porte de la salle derrière lui.

A la manière dont Olivier s'adressait aux deux consultantes, il était clair qu'il voulait bien leur faire sentir qu'elles ne faisaient pas partie de l'entreprise. Ce n'était que de simples prestataires qui, comme d'autres de mes collègues de l'open space, étaient mises à disposition par un cabinet de conseil à un prix parfois exorbitant pour la banque. Mais cela ne signifiait pas pour autant que ces consultants avaient des salaires mirobolants. Non, loin de là. Le cabinet de conseil se remplissait grassement les poches. C'était à un véritable marchandage de compétences, et donc d'hommes et de femmes que se livraient les deux entreprises. Le cabinet cherchait bien sûr à faire payer le prix fort à ses clients pour maximiser son bénéfice.

Malgré le coût important, la banque avait très souvent recours à ce système. C'était bien pratique, puisque cela lui permettait de remercier du jour au lendemain ce personnel flexible, si un projet était finalement abandonné ou reporté. La durée de la prestation était au maximum de trois ans. A la fin de cette période, deux options s'offraient à la banque. Elle pouvait décider qu'elle n'avait effectivement plus besoin du consultant qui quittait l'entreprise pour servir un autre client, en général une banque concurrente. La deuxième alternative était connue sous le nom d'« internalisation » et concernait uniquement quelques heureux élus, qui étaient « internalisés ». Cela signifiait que pour les remercier pour leurs bons et loyaux services, la banque leur proposait de les embaucher en contrat à durée indéterminée. Les serviteurs étaient adoubés par le sacro-saint roi et élevés au rang de chevalier. Se sentant redevables, ils étaient ensuite prêts à tout pour servir. Ils sortaient à présent de l'ombre et étaient considérés d'égal à égal par leurs autres collègues. Immédiatement, ils oubliaient leur précédent statut et toisaient avec dédain leurs anciens pairs. Il faut dire que les consultants étaient extrêmement peu estimés, ce n'était que des numéros dans l'entreprise, des pions interchangeables. La distinction était clairement marquée entre un « interne » et un « externe ». Ces derniers avaient une adresse courriel spécifique. Le suffixe « ext » qui était apposé à leur mail indiquait au destinataire du message que l'expéditeur n'était pas de la maison. Mais la banque allait encore plus loin pour marquer la distinction. Deux fois par an étaient organisées deux soirées d'entreprise : une, lors des fêtes de fin d'année et une autre, au début de l'été. Pour l'occasion, des lieux prestigieux comme le Chalet du Lac dans le bois de Vincennes ou le pavillon de l'Elysée Montmartre étaient loués. L'endroit était à chaque fois décoré en vert et rouge, les couleurs de la banque. Un traiteur était choisi pour l'occasion et un DJ faisait danser les salariés jusqu'au bout de la nuit. J'avais participé avec mes collègues du déjeuner à la soirée de Noël. J'avais passé un excellent moment ! Voir Jean-Pierre se déhancher sur du Rihanna n'avait pas de prix. Mais la soirée avait eu un arrière-goût amer. En effet, Elias n'avait pas pu y participer. Pourquoi ? Parce qu'il était prestataire et que les prestataires, même si certains avaient davantage contribué à faire avancer les projets en cours que certains collaborateurs, n'étaient pas conviés. Ils n'avaient pas reçu à leur bureau le petit carton d'invitation qui servait ensuite de passe-droit pour accéder à l'événement. Et si cela n'avait pas été assez clair pour certains, les salariés de la banque avaient reçu un message spécifiant noir sur blanc que l'entrée était réservée aux internes. Dans l'open space, cette différence de régime, appliquée lors des événements festifs, avait contribué à dégrader l'ambiance et venait ternir les efforts que faisait Jean-Pierre pour souder son équipe. Nous n'étions pas tous logés à la même enseigne, il y avait bien deux camps, les internes choyés et les prestataires, citoyens de seconde zone. Clarisse et Chloé en faisaient les frais. On ne prenait pas de pincette avec elles, elles étaient là pour exécuter les requêtes d'Olivier. Si cela lui chantait, il pouvait leur demander de réaliser une présentation PowerPoint qu'elles passeraient plusieurs jours à construire, avant de se rendre compte que cela était tout à fait inutile. Peu importe que cela puisse les décourager ou les affecter, du moment que la banque payait. On ne se préoccupait absolument pas de leurs états d'âme. Si elles n'étaient pas contentes, la porte de sortie était grande ouverte et dès le lendemain, elles seraient remplacées par un confrère ou une consœur plus docile.

Toutes les trois, nous continuâmes donc tout l'après-midi à réfléchir à comment améliorer cette foutue journée d'intégration sans toucher aux présentations des intervenants. Le lendemain, nous n'avions pas trouvé de solution miracle. Olivier était encore trop occupé pour se joindre à nous. A la fin de la journée, il débarqua dans notre salle de réunion alors que nous nous apprêtions à rentrer chez nous.

« Alors les filles ? Qu'est-ce que vous proposez ? », nous demanda-t-il en nous toisant du regard. Nous expliquâmes à Olivier qu'il serait bien de répartir les présentations sur deux jours, sur deux demi-journées par exemple, pour que les nouveaux arrivants aient moins cette impression d'être noyés par toutes les nouvelles informations qui leur étaient fournies. Olivier répondit qu'il allait y réfléchir mais que pour l'instant on ne changeait rien, la journée restait telle quelle jusqu'à nouvel ordre. Il ajouta également qu'il n'y aurait pas de journée d'intégration au mois d'août.

« Clarisse et Chloé, vous en profiterez pour définir une nouvelle version qui sera appliquée à partir de septembre » dit-il en s'adressant à ses deux assistantes, avant de tourner les talons.

Et moi ? Apparemment, mon rôle dans la redéfinition des événements d'onboarding s'arrêtait là.

Je ne m'acclimatais pas à l'atmosphère impersonnelle de la Défense, à ces grandes tours où l'on se croise tous les jours sans jamais prendre le temps d'apprendre à se connaître, ni même de se dire bonjour. Je ne me sentais pas à l'aise non plus dans ce hall immense, qui devait faire presque la superficie d'un terrain de football, de ces rangées d'ascenseurs, qui menaient tous à un étage différent. Ces tours transpiraient la hiérarchie jusque dans leur aménagement même. Les derniers étages étaient réservés au fameux « top management », presque exclusivement masculin. Ces derniers s'étaient réservé les deux derniers étages de la tour ainsi que le toit. Je ne connaissais personne qui avait déjà eu la chance d'y aller – aucun salarié de ma condition n'avait le droit de s'y rendre d'ailleurs. Pour y accéder, il fallait prendre l'ascenseur BC qui fonctionnait avec un badge spécial et desservait uniquement les deux derniers niveaux. En glanant ici et là des informations auprès de mes collègues de Colombes et de La Défense, je sus qu'à l'avant-dernier étage se trouvait un restaurant privé. Nos patrons pouvaient déguster des plats savoureux concoctés par un chef étoilé et contempler une vue à 360 degrés sur tout Paris. Le niveau supérieur était composé de larges bureaux privés avec baies vitrées, s'il vous plaît ! Dans chaque pièce, un coin salon avec un canapé, deux fauteuils et une table basse mais aussi un grand bureau en chêne massif avec un fauteuil en velours. Bien sûr, tout cela avec une vue panoramique à couper le souffle. Nos directeurs dominaient hiérarchiquement et physiquement l'entreprise. Pas étonnant que certains souffrent de mégalomanie chronique. Au sommet de leur tour d'argent, amassant allègrement richesses et gloire, ils se prenaient tout bonnement pour les rois du monde.

Tout en haut de la pyramide, il y avait Mattheus Leturcq, PDG de la Banque Rignault depuis plus de 20 ans déjà. Je ne l'avais jamais vu en chair et en os et, à ma grande surprise, en posant la question à droite à gauche, je me rendis compte que personne ne l'avait jamais rencontré. Pas même Olivier. Mais nous avions tous son portrait en tête. Dans chaque salle de réunion était accrochée une photo de lui, posant fièrement debout devant le bâtiment de La Défense, dans un cadre discret. De folles rumeurs courraient à son sujet : il aurait, dans son bureau, accroché la tête d'un lion rugissant, trophée de chasse obtenu quelques années auparavant lors d'un voyage au Kenya. Pour d'autres, ce n'était pas la tête d'un lion mais une peau de zèbre qui servait de tapisserie à l'un des pans de mur … Avant d'arriver à ce poste, il aurait eu un parcours chaotique puis aurait connu une ascension fulgurante digne d'un self-made man américain. A moins qu'il ne soit sorti premier de sa promotion à Polytechnique et soit le fruit de la réussite du programme Haut Potentiel de la banque. Toutes les possibilités semblaient aussi probables les unes que les autres. Mattheus Leturcq faisait figure de légende vivante. Si les avis divergeaient sur beaucoup d'aspects, ils étaient unanimes sur un point : M. Leturcq était craint et respecté au sein de la BR. Si les projets n'avançaient pas comme il l'entendait, il pouvait s'emporter et se mettre dans des colères noires, frappant du poing sur son bureau, vociférant si fort que ses cris se faisaient entendre aux étages inférieurs. Je développais une forme de fascination pour M. Leturcq et tous les mystères qui entouraient sa personne. Chaque fois que je me rendais à La Défense, j'espérais le croiser, au détour d'un couloir, par le plus grand des hasards. Mais ce ne fut malheureusement jamais le cas.

La semaine suivant ces deux jours passés en compagnie de Chloé et Clarisse, en arrivant au bureau lundi matin, je remarquai avec surprise en ouvrant ma messagerie que le dernier mail que j'avais envoyé n'avait pas pu être délivré à son destinataire. C'était embêtant. Parce que le destinataire était Jean-Pierre. Et que la semaine passée, il avait été en déplacement à Nantes de sorte que je n'avais pas pu le prévenir oralement que je passerais la fin de la semaine à La Défense. J'avais donc envoyé ce fameux mail pour l'en informer. J'appréhendais maintenant la réaction de Jean-Pierre. Je balayai du regard l'open space dans l'espoir de l'apercevoir et pouvoir ainsi lui expliquer mon absence de la semaine passée. Mais il n'était pas là, sûrement déjà en réunion. Peut-être avait-il cru que j'étais malade ou pire que je faisais carrément un abandon de poste ? Peut-être avais-je déjà été même rayée du registre du personnel ? J'envoyai tout de suite un message à mes collègues du déjeuner pour savoir si Jean-Pierre ne s'était pas enquis de moi. La réponse était unanime – non, on n'avait pas pris de mes nouvelles. Perdue dans mes réflexions, à passer en revue différentes hypothèses, je distinguai au loin la silhouette de Jean-Pierre arpentant l'allée à l'autre bout de l'open space. D'un bond, je me levai de ma chaise et courus dans sa direction, sous les regards ahuris de mes voisins de bureau.

« Bonjour Jean-Pierre, tu vas bien ? Je t'ai envoyé un mail la semaine dernière et j'ai reçu un message d'erreur comme quoi tu ne l'avais pas reçu … lui dis-je, d'entrée de jeu.

– Salut Romy, au top ! Un peu fatigué du week-end mais ça va ! Oui je sais, il y a un problème avec ma messagerie – le service technique est sur le coup. Cela devrait être résolu d'ici 4 h ! m'expliqua-t-il

– Ah d'accord, je comprends ! J'étais à La Défense jeudi et vendredi pour travailler sur les journées d'intégration avec Olivier, lui expliquais-je.

– Ah oui ! D'accord, d'accord, intéressant ! » me répondit-il.

Jean-Pierre ne semblait pas comprendre pourquoi je l'alpaguais ainsi, au milieu de l'open space, uniquement pour lui parler du projet d'Onboarding. La cruelle vérité m'apparut soudain comme une évidence : Jean-Pierre ne s'était pas aperçu de mon absence.

« Ah et au fait Romy, que voulais-tu me dire dans ton mail ? poursuivit Jean-Pierre

– Euh, rien d'important ... », éludais-je avant de retourner m'asseoir à mon bureau.

Etais-je devenue si inutile ? Même si dans le fond, je savais que mon travail était futile, le fait d'être confrontée brutalement à cette réalité me porta un coup dur au moral.

Heureusement que le soir même, j'avais prévu de dîner avec ma sœur Emilie et Léna. Une bonne occasion pour me changer les idées !

Nous avions rendez-vous à 20 heures au marché des Enfants Rouges, un de mes endroits préférés de Paris où j'avais mes petites habitudes. J'aimais le faire découvrir à mes amis ou à ma famille. Ce soir-là, j'avais prévu de leur faire goûter le merveilleux couscous de Farah qui était tout simplement exquis. Cela faisait longtemps que nous ne nous étions pas retrouvées toutes les trois ensemble ! Une fois installées à table, nous avions chacune commandé un cocktail pour démarrer la soirée.

Ma sœur poursuivait ses études et était à présent en dernière année d'externat de médecine. Le rythme était intense : tous les matins, elle se rendait à l'hôpital Henri Mondor où elle s'occupait de ses patients, dont la plupart souffraient de diabète sévère et l'après-midi était entièrement dédié à ses révisions. En effet, Emilie allait passer les ECN à la fin de l'année, ce fameux examen qui allait déterminer en fonction de son classement la spécialité qu'elle exercerait plus tard. C'était de rudes journées : notre sortie était d'ailleurs la seule pause qu'elle s'accordait ce mois-ci. Mais elle était prête à faire ce sacrifice – mettre entre parenthèses sa vie sociale pendant un an. Elle était si proche du but qu'elle pouvait effleurer du bout des doigts, son rêve de toujours : devenir médecin. Elle avait toujours su que c'était vers ce métier qu'elle voulait s'orienter. Du moins depuis ses 4 ans. Depuis le jour où elle avait reçu une mallette de docteur, offerte par des connaissances de nos parents. Emilie était tout de suite tombée sous le charme de la blouse blanche et des accessoires que contenait la panoplie. Je me rappelais très bien qu'elle ne quittait jamais son stéthoscope en plastique. Elle dormait avec – il avait tout de suite remplacé Coco, l'adorable cochon rose qui faisait précédemment office de doudou. J'avais également un souvenir très précis de ma sœur, hurlant dans le hall de la maternelle, entourée de ma mère et de la maîtresse qui tentaient tant bien que mal de lui retirer le stéthoscope autour du cou. L'entrée en grande section de maternelle signifiait qu'il fallait dorénavant laisser peluches et autres accessoires à la maison. Cela avait été pour Emilie un vrai déchirement.

Une fois que ma sœur eut fini de nous raconter son quotidien, les regards se tournèrent vers moi. C'était à mon tour de passer l'interrogatoire.

« Et toi Romy, alors comment ça se passe ce premier job ? me demanda Léna.

– Ecoute, ça va. Rien de nouveau, la routine quoi … J'ai sympathisé avec un petit groupe de collègues … On mange ensemble tous les midis et on organise assez souvent des afterworks », répondis-je.

Je préférais rester volontairement évasive, je n'avais pas envie de me plaindre et d'apporter des ondes négatives à cette soirée de retrouvailles. Mais Emilie et Léna voulaient en savoir plus. Même si je devais être flattée par leur niveau d'intérêt pour ma personne, je ne souhaitais pas rentrer dans les détails.

« Mais qu'est-ce que tu fais exactement ? m'interrogea Emilie.

– Je devais au départ travailler sur la mise en place d'un contrôle de gestion de données sociales, mais finalement ce projet a été dépriorisé. Du coup, je me charge de l'animation des journées d'intégration pour les nouveaux arrivants de la banque », dis-je d'une voix peu assurée, comme si je prenais soudainement conscience que ce pour quoi j'avais été embauchée n'avait absurdement rien à voir avec mes missions actuelles.

Ces mots sonnaient terriblement creux après le récit d'Emilie. Pendant que j'étais en charge des journées d'intégration, ma sœur sauvait des vies. J'avais honte. Honte d'avouer que cela faisait plusieurs mois que j'avais autant de travail qu'un boucher dans une communauté végane. Honte d'admettre que je me rendais tous les jours au bureau pour ne quasiment pas travailler. Le récit du quotidien de mes amies accentuait encore plus l'aberration de mon poste. Aujourd'hui j'avais l'impression de ne servir absolument à rien … Avant de ressasser ces réalités sombres, je préférai relancer la conversation sur un autre sujet :

« Et toi Léna tu as réussi à trouver un stage pour cet été ? demandai-je.

– Oui, je suis super contente ! Je pars deux mois en Argentine dans un élevage de chevaux, le chef vétérinaire est hyper connu, c'est une star dans le milieu – je sens que ça va être un stage passionnant. J'ai trop hâte d'y être ! J'ai eu une réponse la semaine dernière et je commence fin septembre, mais je compte y aller dès le 1er août pour voyager un peu avant en Amérique du Sud. Donc autant vous dire que j'ai des milliards de détails à régler avant mon départ ! Mais d'ailleurs … j'y pense, pourquoi est-ce que vous ne viendriez pas avec moi ? On pourrait visiter ensemble l'Argentine ou le Brésil ou encore le Chili ! » nous expliqua Léna, pleine d'entrain.

Nous restâmes quelques instants songeuses, je nous imaginais toutes les trois sur les plages de Copacabana en train de siroter des noix de coco tout en lézardant sur le sable fin …

« J'aimerais trop venir avec toi mais malheureusement je ne peux pas, j'ai prévu de faire un stage cet été après le concours, je me suis déjà engagée … dit Emilie la moue boudeuse.

– Cela risque d'être compliqué pour moi aussi, je n'ai pas encore accumulé suffisamment de jours pour pouvoir prendre des vacances, je n'ai pas le droit de prendre de congés anticipés … poursuivis-je.

– Oh c'est trop dommage … mais bon c'est comme ça ! Un jour, on se le fera notre roadtrip ! » conclut Léna, un peu déçue.

En rentrant chez moi ce soir-là, je ne pouvais m'empêcher de penser à ce que pourrait être un voyage sac à dos avec Léna. Je m'endormis et visitai dans mes rêves le Salar de Uyuni et les rues de Medellin que j'avais regardé longuement en photo sur mon portable avant de rejoindre les bras de Morphée.

Je dois avouer que cette sortie entre amies avait fait resurgir en moi une série de questions que l'on pourrait qualifier d'existentielles. Que voulais-je faire de ma vie ? Jusqu'ici, tout semblait extrêmement planifié et j'avançais pas à pas avec déjà en ligne de mire la prochaine étape. Au lycée, je travaillais pour avoir la meilleure note au Bac puis à la fac, l'objectif était de valider les partiels pour passer dans l'année supérieure. Mais là, je me sentais perdue, quel devait être le prochain palier à franchir ? Devais-je avoir pour objectif de faire carrière dans la banque ? Devais-je comme m'avait dit procéder Olivier, guetter les postes intéressants sur l'intranet de l'entreprise et me rapprocher avec tact des membres de l'équipe cible pour me frayer un chemin parmi les candidatures et espérer une mobilité interne rapide ? Je dois dire que je n'en avais pas vraiment envie. Si je ne pouvais pas identifier un but précis, je voulais tout de même donner un sens à ce que je faisais, j'avais besoin d'être utile. Peut-être travailler dans une grande entreprise tertiaire ne me convenait pas, peut-être même que je n'étais finalement pas faite pour travailler dans un bureau… Je ressassais sans cesse ces pensées dans mon esprit. Et du temps, j'en avais pour cogiter.

J'avais parlé à mes parents de ces questions que je me posais, j'espérais sans doute trouver dans leur expérience des réponses. Mes géniteurs m'avaient, dès que les premiers signes d'ennui s'étaient fait sentir, encouragée à faire preuve de résilience : « C'est normal, il faut que tu prennes tes marques, que tu fasses tes preuves et puis tu auras plus de responsabilités et plus de travail … » me disaient-ils au début. Puis comme la situation ne s'améliorait pas et qu'ils avaient l'impression que je les bassinais sans doute trop avec mes problèmes de petite fille gâtée, ils me répliquaient d'arrêter de me plaindre : « Tu devrais être contente de ne pas être surchargée de travail et de pouvoir faire des petites journées ! J'en connais plein, moi, qui seraient bien contents d'être payés pour ne rien faire, de quoi tu te plains ? » me rétorquaient-ils.

C'est vrai. Peut-être devais-je m'estimer heureuse ? Peut-être étais-je beaucoup trop narcissique pour que ces petits problèmes hantent à ce point mon quotidien ? Peut-être avais-je eu des attentes démesurées et que c'était ça un poste d'entrée dans une grande entreprise ?

En tout cas, mes parents m'avaient fortement incitée à persévérer, répétant qu'une expérience si courte sur mon CV allait paraître suspecte. Apparemment, une expérience professionnelle ne comptait réellement que si l'on restait au moins deux ans dans l'entreprise. Mais moi, je n'avais que faire du qu'en-dira-t-on, de l'avis des recruteurs ou de mes futurs patrons à la vue de mon parcours. Je n'en pouvais simplement plus. Cependant, mes parents avaient raison sur un point. Mettre un terme à mon CDI sans projet pour la suite signifiait que je devrais quitter mon appartement parisien que j'aimais tant et retourner vivre chez eux. Et bien sûr, je ne voulais absolument pas démissionner pour me retrouver dans une autre entreprise à effectuer le même travail absurde et dénué de sens. J'avais besoin de temps, de réfléchir à qui j'étais, à ce qui comptait pour moi, à ce que je voulais faire de ma vie.

Juillet

Le mois de juillet était l'une de mes périodes préférées de l'année. A l'instar du mois d'août, Paris était presque vide – la majorité de ses habitants avaient pris la route des vacances. On pouvait à présent prendre les transports sans être compressé, se balader dans la rue sans se faire bousculer, se promener tranquillement dans les jardins qui retrouvaient leur calme, et même oser un pique-nique improvisé sur les quais. La chaleur et le soleil étaient pour moi des antidépresseurs naturels. Voir le ciel bleu le matin depuis mon lit me remplissait de joie. Sentir les rayons du soleil brûler la peau de mes bras dès que je pointais le nez dehors me donnait l'impression d'être protégée par une couverture douillette, invincible. Juillet était aussi un mois de fête, on pouvait profiter des nombreux bars éphémères qui sortaient de terre dans chaque quartier.

Je me réveillai d'ailleurs un matin avec un mal de tête presque insupportable, après une soirée trop arrosée passée dans l'un de ces joyeux troquets. J'avais l'impression que ma boîte crânienne pouvait exploser à tout moment. A peine le réveil éteint, je me rendormis aussitôt, sans même y prêter garde. Quelques heures après, j'émergeai à nouveau. Je ne me sentais guère mieux. Par réflexe, je pris mon portable et eus un sursaut de surprise, il était plus de midi. Catastrophe ! J'aurais dû être au travail depuis plus de deux heures au moins. Sans réfléchir, je m'habillai à toute vitesse, attrapai mon sac à main, mes clés et mon manteau. Branle-bas de combat, moins de cinq minutes plus tard, j'étais dans le métro direction Colombes. Durant tout le trajet, je préparais mentalement ce que j'allais dire à Jean-Pierre… Euh, je suis vraiment confuse, j'ai eu une panne de réveil … Disait-on plutôt panne de réveil ou panne d'oreiller ? Ces expressions n'étaient-elles pas complètement tombées en désuétude ? Ne voulant pas prendre le risque d'aggraver mon cas, je décidai d'opter pour une phrase plus simple : « Je suis désolée, j'ai eu un problème avec mon réveil ». Le tram à peine arrivé, je descendis en courant. Un coup d'œil sur l'écran de mon téléphone, Jean-Pierre ne m'avait pas envoyé de message. Avec un peu de chance, il n'avait toujours pas remarqué mon absence.

J'arrivai au bureau vers 13 h 30 – pas d'âme qui vive dans l'open space, je descendis à la cafétéria acheter un sandwich et le mangeai en vitesse sur ma chaise. Deux petites voix antagonistes se disputaient dans ma tête. L'une me disait : « Dépêche-toi de manger, allume ton PC, regarde tes mails et envoie directement un mail d'excuse à Jean-Pierre », tandis que l'autre médisait : « Mais il n'a même pas remarqué que tu n'étais pas là, c'est sûr ! Ne te fais pas de mouron, tu es aussi transparente qu'une vitre tout juste astiquée, ma vieille. Et puis, pourquoi tu te presses ? Tu as déjà oublié ? Tu n'as rien à faire ! »

A 14 h 30, je reçus un message par Link de mes collègues du déjeuner :

« Salut Romy, on t'a pas vu ce matin, tu étais à La Défense ? écrivait Sophie.

– Non, j'ai eu un énorme mal de crâne, je me suis rendormie sans le vouloir et me suis réveillée à nouveau à midi. Ça va mieux maintenant, je pense que j'avais juste besoin de sommeil ! expliquai-je.

– Ahaha ! Tant mieux alors, comme on ne t'a pas vu, on s'est dit que tu devais être allée à Asphalte » me répondit Sophie avant de se déconnecter.

Je décidai de faire profil bas le reste de la journée. Par hasard, en allant chercher un thé à la machine en fin d'après-midi, je croisai Jean-Pierre dans le couloir. Aucune remarque de sa part, il ne s'était une fois de plus pas rendu compte de mon absence. Je remballai ma phrase d'excuse toute préparée, qui me paraissait à présent caduque.

Le lendemain, je n'étais toujours pas complètement dans mon assiette et avant de partir au bureau, impossible de mettre la main sur mon badge d'accès à la banque. D'habitude, je le rangeais toujours dans la poche intérieure de mon sac avec mes clés. Mais là, au moment de prendre mon trousseau et de partir travailler, je me rendis compte qu'il n'y était pas. Je cherchai rapidement chez moi, pas de trace de la carte plastifiée. Je ne pouvais pas l'avoir oubliée au bureau parce que j'en avais besoin également pour sortir du bâtiment. Zut. Je n'avais plus le temps de chercher, sinon je risquais d'arriver à nouveau en retard. Et peut-être que cette fois-ci Jean-Pierre le remarquerait. Tant pis ! Je claquai la porte de chez moi, avant de dévaler les escaliers. Arrivée au bureau devant les portillons, je fis signe à l'hôte d'accueil. Celui-ci m'indiqua que pour refaire mon badge je devais me rendre à Suresnes où se trouvait le service « Renouvellement des badges » qui, soit dit en passant, n'était pas situé au même endroit que le service « Création des badges » où je m'étais rendue le jour de mon arrivée et qui lui était à La Défense. Cette entreprise n'avait vraiment pas fini de m'étonner !

Les jours suivants, je n'avais toujours pas retrouvé mon badge et n'avais pas eu le temps ou plutôt la flemme s'était emparée de moi à la perspective d'aller à Suresnes. Je n'avais aucune envie en sortant du travail de faire ce détour qui allait ajouter au moins une heure à mon temps de transport habituel quotidien. Tous les matins, j'essayais d'attirer l'attention de Marie ou de Jean-Luc, les hôtes d'accueil, qui n'étaient franchement pas ravis de devoir se lever pour m'ouvrir les portiques de sécurité. Ce que je comprenais tout à fait. Pour ne pas les déranger, si j'arrivais en même temps que quelqu'un d'autre, je lui demandais si je pouvais entrer avec lui. Les réactions étaient variées, certains le faisaient avec plaisir, d'autres au contraire étaient réticents à laisser passer cette inconnue qui quémandait un tel service. Et un de mes charmants collègues avait même une fois carrément refusé : « Je suis désolé mais c'est contraire au règlement, qui est ce qui me prouve que vous êtes bien salariée à la banque ? Vous risquez de m'attirer des ennuis, jeune fille. Allez ouste ! Laissez-moi passer », m'avait-il dit excédé.

C'était un des directeurs, proche de la retraite après plus de 40 ans passés dans la maison. Commencer la journée en se faisant traiter comme une malpropre par un autre salarié n'était pas facile. Mais quelque chose également m'inquiétait, je pensais qu'il existait un système d'alerte au niveau du service des ressources humaines de la banque, qui par exemple se déclenchait si un salarié n'avait pas badgé pendant plusieurs jours sans raison (arrêt de travail, congés ou autre). Mais mes collègues du déjeuner à qui je fis part de mes craintes me rassurèrent rapidement : les badges étaient utilisés uniquement pour la sécurité et ils ne contenaient pas de puce qui enregistrerait, pour ensuite les retransmettre, les horaires d'entrée et de sortie des salariés. « Heureusement pour nous » me dirent-ils, en souriant. Ouf, je pouvais être tranquille sur ce point-là !

Et puis enfin un soir, je me décidai à prendre le train pour Suresnes et à me rendre au service des badges. Après avoir complété un formulaire expliquant les circonstances de la perte et m'être acquittée d'un montant de dix euros, on me remit un insigne tout neuf. Et heureusement ! Parce qu'en me rendant à la Défense, j'appris que là-bas les hôtes d'accueil n'étaient pas aussi arrangeants – pas de badge, pas d'entrée dans le bâtiment.

La journée d'intégration des nouveaux arrivants de fin juillet était la dernière de l'été, on fermait boutique pour le mois d'août ! Pour finir en beauté, le groupe de nouvelles recrues que j'avais accueilli était véritablement sympathique. Il était soudé autour de Lucas, un charismatique grand brun qui était âgé d'une trentaine d'années et qui avait commencé par travailler au service Fusions et Acquisitions dans une banque concurrente après de brillantes études en finance. Et puis un jour, Lucas avait éclaté en sanglots en plein milieu d'une réunion. Il n'arrivait plus à s'arrêter. Le diagnostic du médecin avait été sans appel, c'était un cas de surmenage professionnel, un burn-out. Lucas avait mis presque 6 mois à s'en remettre, passant des journées allongé dans son lit, chez ses parents. Sans rien faire. Les yeux rivés sur le plafond à compter les rainures des lambris qui tapissaient sa chambre. Petit à petit, Lucas avait repris goût à la vie. Il s'émerveillait de tout : un oiseau qui venait se poser sur le rebord de sa fenêtre, un rayon du soleil qui réchauffait son visage, une odeur de café qui embaumait sa chambre le matin. C'était comme une seconde vie qui démarrait. Lucas avait commencé à se poser les bonnes questions, à envisager un avenir. Il avait l'impression d'aimer son travail à la banque, il adorait ses collègues, aimait se lever le matin et travailler dans une grande entreprise. Mais il n'arrivait plus à trouver de sens à son quotidien. Les nocturnes quasiment tous les soirs en période de rush, le stress des dossiers compliqués, la pression de ses managers avaient eu raison de lui. Lucas voulait un travail plus concret. Petit, il avait toujours aimé travailler le bois, construire de petits objets puis même des meubles, faire parler sa créativité. Mais en grandissant, happé par le tourbillon des études, il avait oublié cette passion. Pendant sa convalescence, dans le garage de ses parents, les souvenirs étaient remontés. Il s'était installé un petit établi et avait commencé à découper, percer, poncer et assembler des planches de bois. Il avait ensuite naturellement regardé les formations en ébénisterie et avait suivi le cursus, sans trop savoir où tout cela le mènerait. Il vivait encore au jour le jour, sans trop se projeter. Et puis, par hasard, il était tombé sur une offre d'emploi, au sein de la BR. Ils recherchaient une personne pour les aider à designer, à construire et agencer les nouveaux bureaux qui allaient être construits à proximité de La Défense. Lucas avait postulé, sans savoir s'il correspondait au profil recherché. Il avait été reçu en entretien par la responsable des services généraux. Le courant était tout de suite passé. Le poste était intéressant pour lui, il pourrait utiliser sa créativité et travailler de ses mains.

L'histoire de Lucas m'avait fait beaucoup réfléchir. Mais qu'est-ce que je faisais là ? Pourquoi avais-je choisi de commencer à travailler dès la fin de mes études ? Pourquoi m'étais-je enfermée dans cette vie professionnelle dénuée de sens alors que j'avais encore tant de choses à découvrir ? Toutes ces questions auxquelles je n'avais bien sûr pas de réponse me laissaient pensives. Je ne pouvais pas dire par quelle forme de déterminisme je m'étais retrouvée aujourd'hui à mener cette vie : qu'avaient en tête les forces du destin pour me faire prendre un tel chemin ? Le lendemain, pleine d'espoir, je me connectai à nouveau à mon espace personnel sur l'intranet de l'entreprise. Peut-être que pendant la nuit, comme par magie, des jours de congés étaient apparus sur mon solde ? Mais celui-ci était toujours bel et bien à zéro. En cliquant sur différents liens, je me rendis compte que je pouvais, par contre, visualiser le planning des congés payés posés par mes collègues. Comme si on ajoutait une torture supplémentaire à ma souffrance. Le logiciel me narguait en me disant : « Toi, tu n'as pas de congés mais regarde, d'autres vont pouvoir en profiter cet été. Oui, Nicolas va partir cinq semaines, Vanessa trois semaines en septembre, Vincent deux semaines à cheval sur les deux mois et Jean-Pierre sera absent tout le mois d'août, Jean-Pierre sera absent tout le mois d'août … Il sera absent tout le mois d'août… »

Les événements de ces dernières semaines s'assemblèrent comme les pièces d'un puzzle dans ma tête : mes absences qui n'étaient pas remarquées, ma charge de travail quasiment inexistante, la mise en pause des journées d'intégration en août, les badges dont les puces n'enregistraient pas les heures de présence… Et si… Et si, je ne venais pas travailler en août, précisément le mois où Jean-Pierre était en vacances ? Et que je rejoignais Léna en Amérique du Sud ? Sans rien dire. Non, impossible, je ne pouvais pas faire ça, si quelqu'un s'en apercevait, les conséquences seraient dramatiques pour moi, je serais sûrement virée pour faute grave. Mais en même temps, voulais-je vraiment rester travailler pour la banque ?

L'appel du voyage était si fort qu'il surmontait tous mes autres sentiments, notamment ceux de conscience professionnelle et de loyauté supposée envers mon employeur. Devais-je rester honnête et bon soldat envers une entreprise qui manquait à ses obligations en ne me donnant pas assez de travail ? J'avais l'occasion de m'échapper pour une courte période de cet enfer professionnel. Je savais que si je ne saisissais pas cette opportunité, j'aurais des regrets.

Je décidai de prendre la nuit pour réfléchir avant d'en parler à Léna. Mon sommeil fut agité, je me retournai dans mon lit avant de m'endormir et me réveillai plusieurs fois en sursaut, haletante, avec la sensation que je venais de faire un saut dans le vide. Mais quand mon réveil sonna, ma décision était prise : oui, j'allais sauter le pas, j'allais partir un mois en Amérique du Sud, sans prévenir, dérogeant ainsi à toutes les règles de la banque, et plus généralement aux codes de bonne conduite professionnelle.

Durant toute la journée, je réfléchis à tout ce qui pouvait me trahir et ainsi menacer de compromettre cette grande entreprise. J'avais l'impression dès le début qu'il ne fallait pas que je partage ce lourd secret avec quiconque à la banque, même si j'avais parfaitement confiance en mes collègues du déjeuner ou en Julien, j'étais persuadée que moins j'ébruiterais mon projet, plus il avait de chance de se réaliser sans encombre.

Je mettais toute mon énergie dans cette nouvelle mission, en commençant par définir les dates. Je décidai de m'absenter à partir du mercredi qui suivrait le début des vacances de Jean-Pierre. Je profiterais des deux premiers jours de la semaine pour indiquer à Sophie, Louis, Soraya, Elias et les autres que j'allais passer plusieurs jours à La Défense, au détour d'une conversation, l'air de rien. Cela expliquerait également pourquoi mon compte Link apparaîtrait comme désactivé pendant plusieurs semaines. Si jamais Vanessa ou un autre de mes compagnons d'open space s'en étonnait, mes collègues du déjeuner seraient à même de leur fournir une explication. Comme je n'avais pas d'ordinateur à La Défense, il était également normal que je ne réponde pas aux éventuels mails que l'on m'enverrait. Mais ceux-ci se faisaient extrêmement rares. Je n'en recevais qu'un ou deux par semaine, hormis les newsletters, et ils étaient toujours liés aux journées d'intégration, donc peu de crainte d'être découverte côté Colombes. Côté Défense, cela pouvait être plus complexe. Qu'allait-il se passer si Olivier décidait d'organiser un nouveau workshop, comme il disait, pour définir le nouveau format des événements d'onboarding ? C'était très peu probable, mais cela restait une éventualité. J'étais prête à prendre ce risque. Si cela était véritablement urgent, je savais qu'Olivier m'enverrait un SMS comme il en avait l'habitude.

Le midi, j'avais proposé à Julien que l'on déjeune ensemble. Nous nous retrouvâmes dans une brasserie, à proximité de La Défense. Il n'avait pas été présent lors des dernières journées d'intégration et je n'avais pas eu de nouvelle de sa part depuis plusieurs semaines. Julien n'avait pas changé. Quand il me vit m'approcher de la table où il s'était installé, il m'accueillit avec ce sourire que je connaissais si bien. Julien avait décidé de reprendre ses études, il travaillait désormais à mi-temps à la banque, mais plus pour très longtemps. A la fin de la semaine, il intégrerait une formation accélérée pour devenir aide-soignant. J'étais sincèrement heureuse pour lui, Julien avait tant de bienveillance à donner que c'était un véritable gâchis pour l'humanité que de le voir assis derrière ce comptoir sinistre. En nous quittant à la fin du repas, nous nous promîmes de rester en contact, mais j'avais la nette impression que notre amitié ne resterait que circonstancielle.

Plus tard dans l'après-midi, j'appelai Léna pour l'informer de ma décision de partir avec elle à l'autre bout du monde, elle était aux anges. Nous décidâmes d'atterrir à Santiago, de visiter le Chili puis de voir où nos envies allaient nous mener.

Les jours qui suivirent passèrent très vite, mon enveloppe physique était bien présente à Colombes mais mon esprit, lui, était déjà ailleurs. Je m'étais empressée de réserver mes billets d'avion et passais dorénavant mes journées à lire des carnets de voyage en ligne sur l'Amérique du Sud. J'avais hâte !

La fin d'un cycle

Le mardi après-midi, soit la veille du départ, tout était en ordre. J'avais rangé mon bureau, j'avais également bien pris soin de noter le mot de passe de ma session d'ordinateur sur un post-it que j'avais ensuite roulé en boule et caché dans mon pot à crayon. Je ne voulais pas à mon retour risquer de me faire remarquer si mes collègues m'entendaient appeler le service de sécurité parce que je souffrais d'une amnésie mystérieuse et donc suspecte. J'avais passé toute la journée à me demander si je n'avais pas oublié d'autres détails qui pourraient compromettre mon absence secrète. Mais non, tout était sous contrôle. Jean-Pierre était parti en congé vendredi soir en souhaitant de bonnes vacances à tout l'open space. A 16 h 30, plus tôt que d'habitude, j'éteignis mon ordinateur, me levai, rangeai ma chaise sous mon bureau puis pris mon sac à main. Je souhaitai joyeusement une bonne soirée à mes collègues, comme je le faisais d'habitude. Je ne pouvais, en revanche, pas m'empêcher d'esquisser un sourire triomphant. Je pris ensuite l'ascenseur, sortis du bâtiment et marchai sans me retourner. Je n'arrivais pas à faire disparaître cet air béat de mon visage. J'étais heureuse. J'avais l'impression que le poids invisible que je portais depuis plusieurs mois sur mes épaules avait brusquement disparu.

Le lendemain, j'étais à l'aéroport et, au moment de monter dans l'avion, je me demandai malgré moi dans quel restaurant mes collègues du déjeuner allaient manger ce midi : serait-ce italien ou japonais ? Libanais ou chinois ? Quant à moi, je devrais me contenter de pâtes bolognaises insipides servies par la compagnie aérienne.

A Santiago, nous passâmes de longues journées à arpenter la ville du nord au sud et d'est en ouest, puis nous séjournâmes quelques jours à Valparaíso. Quel dépaysement ! Que cette ville imprégnée d'art, qui vivait au rythme de l'océan, était magnifique ! Nous ne nous lassions pas de contempler chaque soir depuis la terrasse du petit appartement que nous louions, le soleil disparaître à l'horizon, comme s'il était happé progressivement par les vagues. Nous prîmes ensuite le bus vers le nord. Direction le désert d'Atacama et ses paysages lunaires. Nous avions l'impression d'avoir atterri sur une autre planète ! Dans le petit village de San Pedro, nous rencontrâmes de jeunes européens, américains ou asiatiques qui baroudaient, prenaient le temps de voyager, de découvrir le monde et de se découvrir. Nous eûmes avec eux des discussions passionnées sur la géopolitique moderne, sur leur vision du monde et sur la vie, plus généralement. Puis direction la Bolivie, les paysages surréalistes du Salar de Uyuni et le lac Titicaca … magique !

Un mois passa, un mois que j'avais coupé tous les ponts avec l'entreprise. Je n'avais reçu aucun message d'Olivier ni d'aucun autre employé de la banque d'ailleurs. Ouf ! Comme pressenti, personne n'avait cherché à me contacter. Une partie de moi aurait presque préféré le contraire. Que quelqu'un se soucie de mon absence, s'inquiète de ne plus me voir. Mais non ! En tout cas, ce séjour m'avait permis de prendre de la distance, d'amorcer l'introspection dont j'avais tant besoin. Et ma décision était prise. J'en parlais à Léna la veille de mon départ, alors que nous étions assises à la terrasse d'un bar sur les hauteurs de la capitale chilienne.

J'allais démissionner, quitter la banque et prendre le temps de réfléchir à ce qui me plaisait et à ce que j'aimais faire, même si cela allait à l'encontre de l'avis de mes parents et du parcours que l'on avait tracé pour moi, sans jamais au fond me laisser le temps de le prendre en main. Léna comprenait et me soutenait.

Je reprenais le travail un lundi matin, comme Jean-Pierre, après avoir atterri à Paris dimanche soir. Je m'étais bien sûr enduite de crème solaire pendant mon séjour en Amérique latine, je ne voulais pas que ma peau tannée par le soleil puisse éveiller les soupçons. J'étais cependant contente de retrouver mes collègues du déjeuner et avait du mal à tenir ma langue : j'avais envie de leur raconter le magnifique voyage que je venais de faire et partager avec eux cette expérience qui, je le sentais déjà, allait marquer un tournant décisif dans ma vie.

« Alors, ça fait longtemps qu'on ne t'a pas vue ? C'était bien à La Défense, me demanda Louis, alors que nous nous retrouvions pour la pause déjeuner.

– Oui, c'était sympa mais je suis contente de vous retrouver ! répondis-je sans donner de détail.

– D'ailleurs, Sophie, tu ne lui as pas annoncé la grande nouvelle, renchérit Louis en jetant un regard complice à sa collègue.

– Ah mais c'est vrai ! Je voulais t'envoyer un message quand je l'ai annoncée à notre petit groupe mais je préférais te le dire de vive voix … Voilà … Je quitte la banque, j'ai trouvé un travail dans une petite entreprise qui crée un système de gestion de mots de passe … Je suis bien sûr un peu triste de vous quitter mais je suis super contente de changer d'environnement ! m'expliqua Sophie.

– J'ai pas mal réfléchi moi aussi ces derniers temps et … je vais quitter la banque et poser ma démission », lâchai-je de but en blanc.

Voilà, c'était dit. Le fait de l'annoncer, de le formuler à mes collègues avait rendu la chose plus réelle encore. Oui, j'allais démissionner de mon poste en CDI bien payé sans avoir de plan de sortie. J'expliquai les raisons, mon besoin de prendre le temps, de reprendre les rênes de ma vie. Mes collègues comprenaient et, se positionnant en vieux sages philosophes, ils m'incitaient à profiter de ma jeunesse.

Dès notre retour de la pause déjeuner, j'informai Jean-Pierre. Son visage n'exprima aucune surprise et je le sentis presque soulagé de ne plus avoir à s'encombrer d'une ressource dont l'inoccupation affichée commençait à devenir problématique. Nous décidâmes conjointement que pour faciliter les démarches administratives, je partirais en même temps que Sophie dans quinze jours. Le moment était maintenant venu d'organiser le fameux pot de départ. Pour ne pas avoir à porter seule le poids de la préparation d'un tel événement – j'avais toujours bien en tête ce qui était arrivé au pauvre Lionel, je proposai à Sophie de mutualiser nos deux fêtes d'adieu. Elle accepta avec plaisir. Nous décidâmes d'inviter l'ensemble de nos collègues de l'open space pour un petit déjeuner le matin de notre dernier jour. J'avais également convié Olivier, Clarisse et Chloé, même si je savais pertinemment qu'ils ne feraient pas le déplacement jusqu'à Colombes. Quand je leur avais annoncé ma décision de quitter la banque, ils avaient eu l'air bien embêtés ; eh oui, qui allait prendre le relais pour animer les journées d'intégration ? Il leur fallait maintenant trouver un nouveau bouc émissaire, suffisamment docile pour leur servir de pantin.

Notre petit déjeuner de départ se passa à merveille, tout l'open space et même certains collègues d'autres équipes passèrent nous dire au revoir. Les seuls absents furent, bien sûr, le trio de La Défense mais également Vanessa Raynaud. Il faut dire que ni Sophie ni moi ne la portions dans notre cœur et cela était vraisemblablement réciproque. A la fin de la collation, il restait tout de même quelques viennoiseries et nous les déposâmes sur le bureau de Nicolas, absent ce jour-là, pour que tout le monde puisse à nouveau en profiter. Vers 11 h, nous vîmes Vanessa s'approcher à pas de loup du bureau et piocher l'air de rien dans le saladier de chouquettes. Sans même un mot pour

Sophie ou moi. Sans même s'excuser de son absence du matin. Mais quel toupet. Je partais définitivement sans regret !

L'après-midi, le service de sécurité nous accompagna vers la sortie après que nous eûmes lancé un au revoir général au plateau. Nous nous éloignâmes du bâtiment sans nous retourner, Sophie portant son carton avec son cactus et sa tasse à café, moi les mains vides, cela faisait bien longtemps que je n'avais plus d'affaires personnelles au bureau.

FIN

Achevé d'imprimer par Corlet Numérique - 14110 Condé-sur-Noireau
N° d'Imprimeur :186118 - Novembre 2024 - Imprimé en France